Jochen Müller

UNSERE KINDHEIT in den 50er Jahren

Lebensgefühl einer Generation

Wartberg Verlag

Fotonachweis:

Hans-Joachim Baron, 43 oben; 48 unten
Erich Borrmann, 32
Marie Bremer, 30 rechts
Lony Cerwenka, 21 oben
Theodor Claas, 20 rechts
Jürgen Cloos, 56 unten
Michael Deschamps, 57 oben rechts
Paul Engert, 15 oben
Wolfgang Erb, 62 oben
Georg Eurich, 7 oben; 24; 25 unten; 26 oben; 43 Mitte rechts; 61 rechts unten und links; 62 Mitte oben
Erika Görke, 59 unten rechts
Nikolaus Heiss, 39 oben
Philipp Hellmuth, 34 oben
Gustav Hildebrand, 8 oben rechts; 9 oben, Mitte und unten; 10 oben; 11 oben und Mitte; 12 oben; 14
Peter Hirsch, 30 links
René Hirzel, 16 unten
Hannes Kilian, 15 unten; 18; 22; 46 oben; 54 unten; 58 unten; 62 unten links und unten rechts
Ernst Koch, 59 unten links
Erwin Krämer, 33
Hans und Lydia Kunz, 48 oben
Harald Kunz, 27 oben
Alfred Lambeck, 13 oben; 23 oben und unten
Petra Lander, 57 oben links
Landesmedienzentrum Hamburg, Erich Andres, 38
Heinrich Langner, 44 unten
Birgit Leidinger, 21 unten
Archiv Lengemann, 16 oben; 42 unten; 44 oben; 45 oben; 50 unten; 63 oben Mitte
Erika Lohr, 61 links Mitte und links unten
Adolf Matheis, 47 unten
Klaus Meier-Ude, 5 oben; 7 unten; 8 oben links; 10 Mitte; 17; 39 unten; 40 oben und unten; 41 oben und unten rechts; 43 Mitte links; 49 oben links und oben rechts; 51; 53 unten und oben; 57 unten links und unten rechts; 61 oben rechts; 63 oben links, oben rechts, unten links und unten rechts
Lotte Melk, 56 oben
Heiner Meyer, 54 oben links
Klaus Neumann, 37 oben links
Rosemarie Neunobel, 31 unten
Dietlinde Plümer, 41 unten links
Heinz Rambow, 27 unten
Rosemarie Rock, 47 Mitte
Eugen Sauter, 4; 6 oben und unten; 19 oben links und oben rechts; 25 oben; 26 unten links und unten rechts; 28 unten; 29 oben und unten; 31 oben; 36 oben und unten; 42 oben
Hilde und Erwin Schäfer, 34 unten
Georg Schmidt, 8 unten; 10 unten; 11 unten; 12 unten; 13 unten; 35 oben und unten; 37 unten; 40 Mitte; 43 unten; 46 unten; 49 unten; 50 oben; 52 oben und unten; 54 oben rechts; 59 oben; 60 oben und unten
Edith Schreiner, 37 oben rechts
Elisabeth Thiede, 58 oben
Martha Visosky, 5 unten
Christel Voss, 47 oben
Clemens Wagner, 20 links
Martha Walter, 55
Erika Weidemeyer, 28 oben
Helmut Wenz, 19 unten links
Ursula Ziem, 19 unten rechts

Satz und Layout: Typographische Dienste U. Weiss, Borken (Hessen)
Druck: Thiele & Schwarz, Kassel
Buchbinderische Verarbeitung: Buchbinderei Büge, Celle

34281 Gudensberg-Gleichen, Im Wiesental 1
Telefon: 0 56 03/9 30 50
www.wartberg-verlag.de
ISBN 3-8313-1264-8

Plötzlich war es da, das Kind. Und es blieb!

Wer in den 50ern geboren wurde, landete mit dem Po noch in den Trümmern der Kriegs- und Nachkriegsjahre und mit dem Kopf fast schon in Pampers-Windeln. So zwiespältig war dieses Jahrzehnt. Wer aus den 40ern hineinwuchs, hatte schon mehr Erfahrungen machen können und erlebte den Wandel vom Plumpsklo zum WC als enorme Verbesserung seines individuellen Wohlbefindens. Kind sein in den 50ern bedeutete allerdings auch immer noch, in Zucht, Gehorsam und Respekt gegenüber den Erwachsenen den Mund zu halten, auch, wenn man etwas Vernünftiges zu fragen oder zu sagen hatte. Und es bedeutete, die elterliche Gewalt gelegentlich auch noch körperlich zu spüren zu bekommen. Ausgestattet mit diesen Erfahrungen, machte man sich auf den Weg ins Leben in der Hoffnung, möglichst schnell alt zu werden. Das Kind in den 50ern wurde ebenso liebevoll wie streng erzogen, stand aber nicht so ausgeprägt wie heute als Hauptfigur im Mittelpunkt der Familienszene. Es war einfach da und wurde gelegentlich mit durchaus klaren Hinweisen in seine Schranken verwiesen. Dann schmollte es und danach war es wieder „lieb". Niemand kann heute mehr sagen, ob aus Einsicht, Vernunft oder eiskalter Taktik. Am Anfang drückten noch die Kriegsfolgen, wirtschaftlich ging es den Familien nicht gut, Väter und auch viele Mütter waren arbeitslos, mussten sehen, wie sie das Essen auf den Tisch bekamen. In den Nachkriegsjahren hatten vor allem die Mütter auf dem Schwarzen Markt gehandelt oder auf den Feldern der Bauern geschuftet, für etwas Brot, Milch oder Butter und ihre Kinder dabei mitgenommen, während die Väter zumeist noch in Kriegsgefangenschaft waren. Die Letzten kamen 1955 aus der Sowjetunion zurück und viele gar nicht mehr. Die Stunden des Tages wurden damit verbracht, für Essen, Holz und Kohle zum Heizen zu sorgen, Strümpfe zu stopfen und alte Kleider zu flicken oder Uniformfetzen so umzunähen, dass sie als Jacken oder Hosen noch einmal verwendet werden konnten. Das Kind in den 50ern erlebte den Existenzkampf der damaligen Gesellschaft mit und war nicht selten schon früh selber daran beteiligt. Aber es hatte auch seine eigene Welt. Die Welt der alten Spielzeuge, mit denen schon die Eltern gespielt hatten, das Spielen draußen auf der Straße ohne Autos, in den geheimnisvollen Ecken der Stadt oder des Dorfes, wo es natürlich verboten war, und wo aber auch schon die Eltern gespielt hatten – sogar die Großeltern. Es war die Welt der ersten kleineren und größeren Ausflüge, der Fahrten mit dem neuen Auto der Familie, der Kindergruppe, der Jugendgruppe. Es waren die neuen Spielsachen, schöner, farbiger und größer und schon einige aus Plastik, also ganz modern! Und die Kleider erst!

Jochen Müller

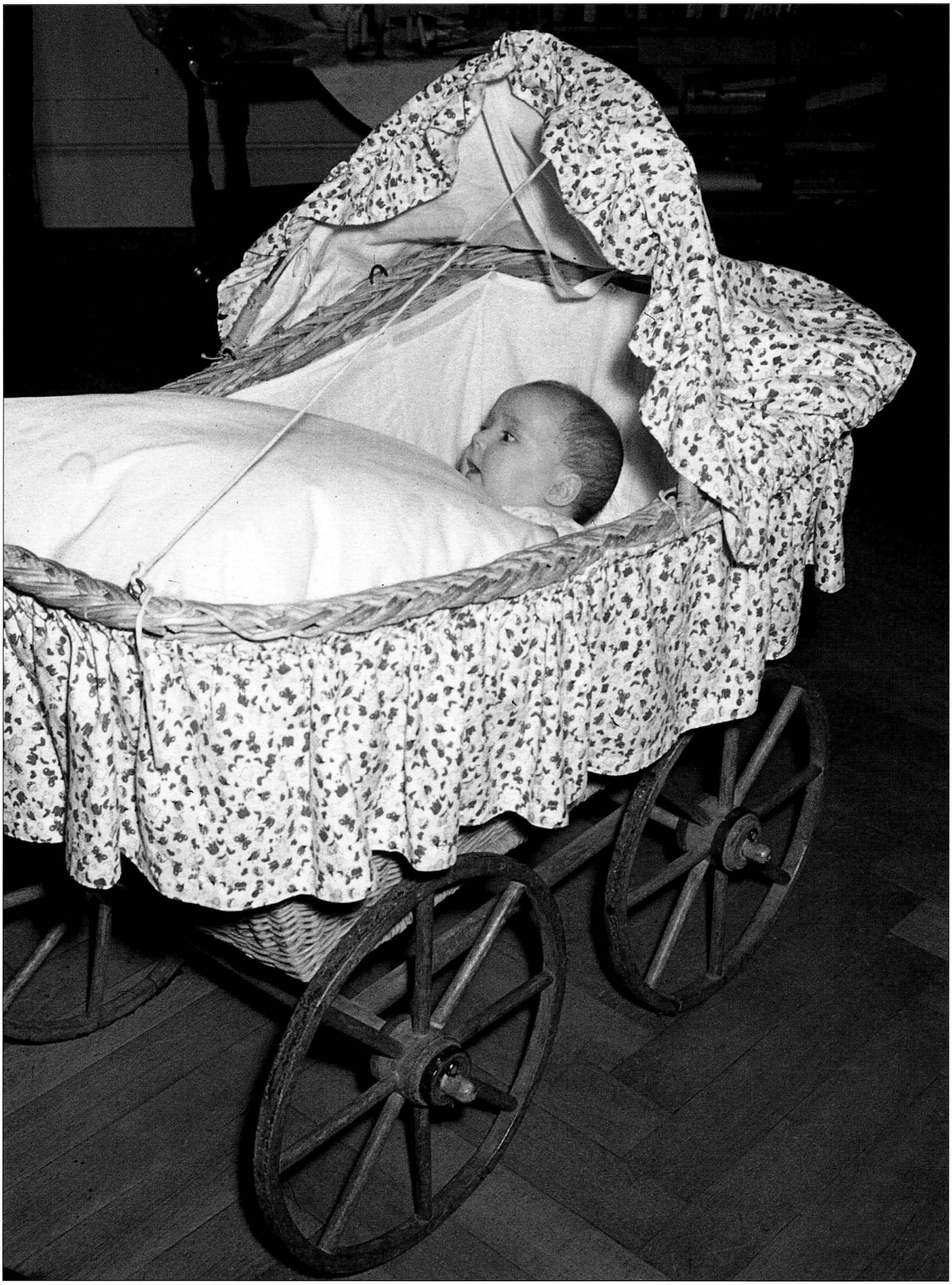

Nicht allein die Eltern erzogen in den 50ern ihre Kinder. Stets saß im Gartenstuhl auch ein lieber Großvater und erzählte immer die selben Geschichten, schenkte einem die Großmutter Himbeeren oder einen Apfel, der warm war, weil sie ihn in einem ihrer sieben Röcke verstaut hatte, jagte einen ein böser Onkel aus dem Garten oder saß eine gestrenge Tante im schwarzen Kleid auf dem Sofa und nahm übel. Es gab die liebe Cousine und den dicken Vetter, der einen immer verprügelte. Alle wohnten sie im Ort oder im Stadtteil. Und plötzlich hatte der Vater Arbeit in der fernen Grossstadt gefunden. Nun saß man in einer neuen Drei-Zimmer-wohnung, zu dritt oder zu viert. Mit den Geschichten des Großvaters in der Erinnerung und ohne den warmen Apfel der Großmutter. Zwar war man endlich den bösen Onkel, die strenge Tante und den dicken, Vetter, aber leider auch die liebe Cousine los, und es wurde einsam – auch für die Eltern.

◄ Erst mal beginnen in Großmutters Kinderwagen, vom Speicher geholt, abgestaubt und zurechtgemacht. Dann sehen, wie's weiter geht! So kann's jedenfalls nicht bleiben. Immerhin leben wir in den 50ern – trotz Allem!

► Der Umstieg aus dem Korb in den Cabrio ist für alle Generationen ein Ereignis, das sich irgendwie sanft ergibt, und an das sich später niemand mehr erinnern kann. Und am Wettstreit um den modernsten, schönsten und teuersten Kinderwagen waren auch die 50er-Jahrekinder nicht selbst beteiligt. Sie saßen halt genau so gerne oder ungerne darin, wie die Kinder heute.

▼ „Haben die Mütter nichts zu tun, wenn die Väter schon die Kinderwagen ausfahren müssen?“ Ernsthafte und besorgte Gedanken aus den 50er Jahren, die sich – leider – noch lange hielten. Oder: „Heute ist Vatertag, da führen wir die Kinder aus. Und unsere Söhne sind dabei!“ Dass Väter sich mit Kinderwagen in der Öffentlichkeit zeigten, war selten. Aber es wurde allmählich auch nicht ungewöhnlich, denn viele Männer – allerdings immer noch viel zu wenige – sahen es als selbstverständlich an, ihre oft durch Haushalt und Beruf doppelt belasteten Frauen zu entlasten.

◄▲Tante Engel-Marie ist der Name dieser Kindergärtnerin, die die Bande auf den Hof zum Spielen im Sand schickt. Für die Kleinen teilt sich hier zum ersten Mal die Zeit, und sie machen die Erfahrung, dass es eine Zeit im und eine Zeit nach dem Kindergarten gibt, so, wie es später eine Arbeits- und eine Freizeit geben wird. Aber, das wissen sie noch nicht so genau.

In der Schule blieb auch am Anfang der 50er Jahre weitgehend alles beim Alten. Wesentliche Schulreformen gab es noch nicht, und erste Mittelpunktschulen wurden erst später eingerichtet. Leicht hatten es die Schulen nicht. Nach dem Krieg waren viele Kinder geboren worden, und die Klassenstärke lag noch 1959 bei 33 Schülerinnen und Schülern pro Klasse, zu viel für einen intensiven Unterricht und um auf einzelne Kinder eingehen zu können. Die Lehrer waren stark gefordert und nicht mehr die Jüngsten. Außerdem waren viele durch die Nazivergangenheit belastet und mussten sich erst auf die neue Demokratie einstellen. Und die Jüngeren hatten gerade erst ihre Ausbildung beendet oder waren noch Studenten. So betrat das Kind die Schule, in der es zu viele Kinder gab, genervte Lehrer, alte und zu klein gewordene Klassenzimmer mit Bänken oder Klappsitzen aus Holzlatten, die alle eingeritzten Namen und Botschaften der vorangegangenen Jahrgänge aufwiesen. In die Tischplatten voller Flecken waren noch die Tintenfässer eingelassen und die Rinne für Griffel, Federhalter und Stifte markiert. Es roch nach Lisol und so wie es heute halt noch immer in Schulen riecht, und die Tafeln waren schwarz und größtenteils zerkratzt. Die Schrecken der Schule und den wichtigsten Gesprächsstoff bildeten die Lehrer und das Zeug, was zu lernen und, überhaupt, völlig überflüssig war, nur da war, um einen zu schikanieren. Aber die Schule war der wichtigste Ort für alles, was das Kind außerhalb der Familie erlebte. Mit der Schule wurde der erste Ausflug gemacht, die erste längere Fahrt. Und in der Schule gab es bis etwa 1953 die „Schulspeisung“. Die Marshallplanhilfe der Amerikaner brachte für alle westdeutschen Schulkinder Lebensmittelspenden, die als Frühstück jeden Morgen in einer der ersten Pausen verteilt wurden. Sie hatten von zu Hause Essensgeschirr mitzubringen, sich an den großen Thermosbehältern anzustellen, zu warten, zu essen und das Geschirr zu reinigen – im Waschraum, nahe den Toiletten. Gut und sehr begehrt waren Kakao, Dampfnudeln und Kartoffelbrei mit Fleisch und Sauerkraut. Alles andere galt als ungenießbar. Ansonsten wurde gelernt, was das Zeug hielt, für manche war es so spannend, dass man noch einmal in dieselbe Klasse ging, weil's so schön war.

▼Sprechen und Lachen nur, wenn man gefragt wird und es ausdrücklich erlaubt ist. Später wird man lernen, sich richtig auszudrücken und an der richtigen Stelle zu lachen und vor allem, richtig zu singen. Die meisten können es heute nur noch gemeinsam in Chören! Die Kinder in den ersten Klassen der Volksschule hatten bis in die ersten Jahre der 50er nur wenige Stunden täglich Unterricht. Die Entbehrungen der Nachkriegszeit hatten bei vielen erhebliche gesundheitliche und auch psychische Folgen hinterlassen. Sie waren schwächlich und unkonzentriert.

▲Alle hatten sie schon von der Schule gesprochen. Mal klang es verheißend, mal bedrohlich. Und nun ist es so weit. Mal sehen, was kommt. So schlimm kann's nicht werden! Und wenn doch? Keine Chance, das Rad zurückzudrehen und bei drei noch mal anfangen. Jetzt, mit 6, muss es sein! Das sah man schließlich ein. Außerdem soll es ja auch schön sein in der Schule.

Der Weg zur Schule am frühen Morgen brachte damals schon Stress. Aber der Heimweg und alles, was man dabei sah, hörte, roch und mit den anderen anstellte, das war die ganz persönliche Zeit zwischen der hassgeliebten Schule und dem Elternhaus, in dem man die Hausaufgaben machen, im Garten arbeiten oder sonst irgendwelche unangenehmen Arbeiten erledigen musste. Auf dem Schulweg traf man die Verabredungen, ärgerte man den Uhrmacher immer wieder mit denselben Streichen, klingelte bei Frau Huddelbauer und lief weg, spritzte am Brunnen die Leute nass und wettete, wer es sich traute, auf der hohen Mauer zu balancieren oder ans Auto des Rechtsanwalts zu pinkeln. Verabredungen für den Nachmittag wurden getroffen, über die Lehrer gelästert und die Mädchen, beziehungsweise Jungen, getuschelt.
Und auf dem letzten Stück, die Straße entlang nach Hause, gingen die Gedanken durch den Kopf, über die man mit niemanden sprechen musste, Fantasien vom Fliegen und Träume von der ersten Liebe. Aber der Schulweg wurde durch den zunehmenden Verkehr immer gefährlicher – und mit der Errichtung der Mittelpunktschulen – immer weiter. Der Bus fuhr jetzt. Und erst viele Jahre später wurde bewusst, was man hatte aufgeben müssen: Den Schulweg!

▶ Nicht selten war es den Kindern unmöglich, in den beengten Wohnverhältnissen, in denen auch noch kleinere Geschwister herumtobten, in Ruhe ihre Aufgaben zu machen. Hausaufgaben gemeinsam am Nachmittag in der Schule zu erledigen war deshalb, besonders in den Großstädten, keine Seltenheit. Und außerdem waren die Kinder gut aufgehoben, bis die Eltern von der Arbeit nach Hause kamen. Und zwischendurch war Mittagsschlaf verordnet, der allerdings nur auf diesem Foto still zu verlaufen scheint.

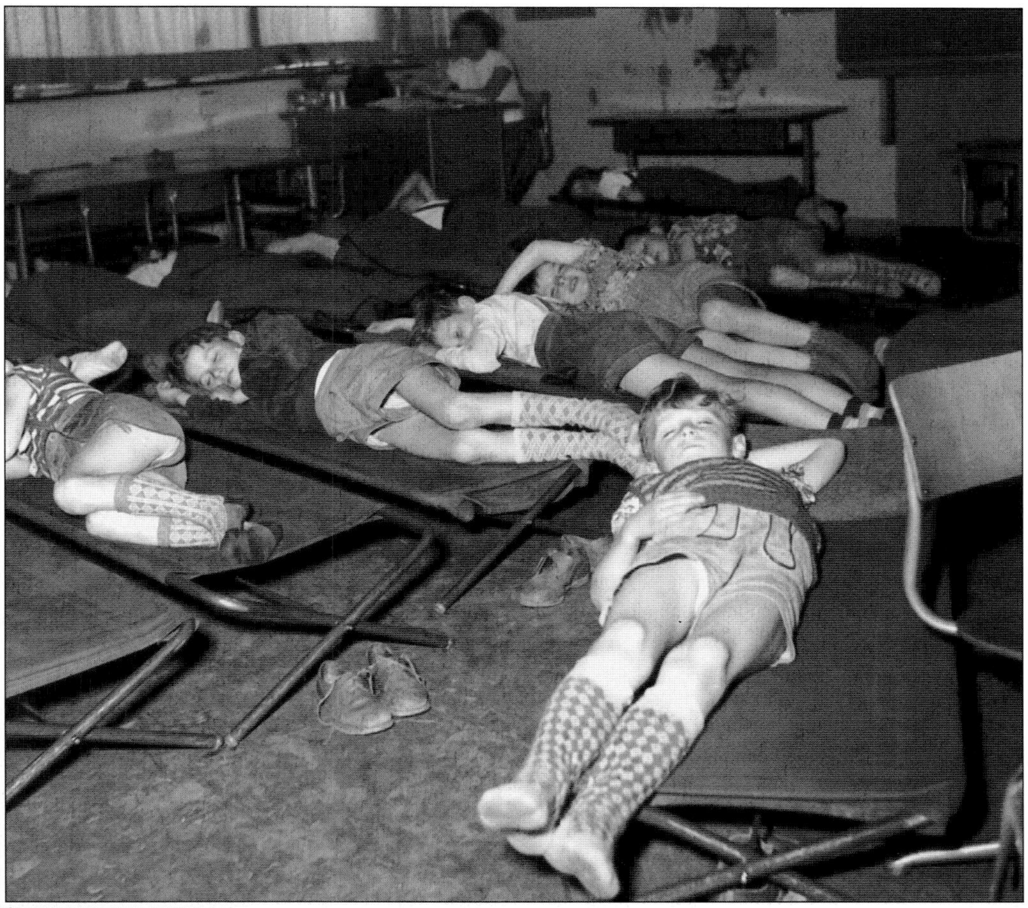

▲ Schon die Mutter hatte verboten, sich die Schuhe schmutzig zu machen. Aber das hat kaum etwas genützt. Wie sehr man sich auch vorsah: Die Schuhe waren schmutzig. Sie wurden in der Schule gegen Pantoffeln ausgetauscht. Und die blieben sauber!

▶ Im Jahr 1957 fehlten in der Bundesrepublik rund 40 000 Klassenzimmer. Die Städte waren in den Jahren zuvor enorm gewachsen, der Verlust an Schulräumen infolge des Krieges noch nicht ausgeglichen. Die aufblühende Industrie in den Zentren mit ihren Arbeitsplätzen lockte immer mehr Menschen an. Es fehlte nicht nur an Schulräumen, sondern auch an Wohnräumen. Trabantenstädte entstanden. Die Klassen waren überfüllt und die Folge war, dass die Kinder in Schichten unterrichtet werden mussten. In der zweiten Hälfte der 50er Jahre lag der Klassendurchschnitt bei 33 Schülern, in manchen Klassen saßen 40 bis 60 Kinder! Für die Kinder hatte das physische und psychische Konsequenzen. Sie waren nervös, konnten bei „Spätschicht" abends nichts essen und nicht einschlafen. Auch das, zehn Jahre nach Kriegsende, waren noch spürbare Folgen.

▶ Ein „Schlüsselkind". Mehr als zwei Millionen Kinder wurden tagsüber sich selbst überlassen. Nur der Schlüssel ermöglichte es ihnen, nach Hause zu gehen, wo sie dann niemanden vorfanden. Die Eltern waren beide zur Arbeit, kamen erst am frühen Abend zurück, und dann waren sie müde und abgeschlafft, hatten keine Kraft und auch keine Zeit mehr für ihre Kinder. Die Mutter musste noch den gesamten Haushalt erledigen, wozu auch Kochen, Putzen und die Versorgung der Väter und Kinder gehörte.
Das hatte u.a. folgende Ursachen: Erstens entstand durch die Konzentration der Arbeitsplätze in den Ballungs-Zentren die neue Kleinfamilie, untergebracht überwiegend in neuen Hochhaussiedlungen. Es gab keine Verwandtschaft mehr in der Nähe. Zweitens mussten beide Elternteile Geld verdienen, um überleben und sich das Wichtigste anschaffen zu können. Und drittens sollte der Lebensstandard gehalten und weiter ausgebaut werden. Es gab zunächst nur in wenigen Städten, z.B. in Frankfurt am Main, so genannte Tagesheimschulen für Schlüsselkinder, ansonsten hatten sie keine Möglichkeit, sich betreut und sicher irgendwo aufzuhalten.

▲ ▶ „Körperertüchtigung" und „Leibesübungen". Die Mädchen ertüchtigten ihren Leib mit dem Holzreifen, mit dem schon Großmutter ihren Körper ertüchtigen musste. Die Jungen spielten die neuen Spiele aus Amerika: Baseball und Football. Aus Amerika kamen auch das Jo-Jo-Spiel an der Kordel und dann der „Hula-Hoop-Reifen", ein billiges Abfallprodukt der aufblühenden Plastikindustrie.
Der Sportunterricht wurde reichhaltiger und erhielt neue Varianten. Nicht nur, wie bisher, ausschließlich Kraft und Schnelligkeit wurden trainiert, sondern auch Geschicklichkeit.

▲ ▶ Kochunterricht in einigen Gymnasien als Wahlfach auch für Jungen. Künftig sollten die Männer also nicht nur Kinderwagen schieben, sondern auch kochen und stricken können
Unter sachkundiger Mithilfe der Mädchen, die es nicht selten schon zu Hause bei der Mutter gelernt hatten, gelang das auch. Ob die neuen Fähigkeiten der künftigen Männer einige Jahre später die Frauen wesentlich entlastet haben, ist fraglich geblieben.

◄Schon in den 20er Jahren hatte der Komponist und Musikpädagoge Carl Orff neue, offenere Methoden des Lernens mit Hilfe eines neuen Instrumentariums entwickelt. Es setzt sich aus drei Gruppen zusammen: den Rhythmusinstrumenten, den Stabspielen und den Melodieinstrumenten. Die Tonordnung „Pentatonik" beschränkt sich auf nur fünf Töne innerhalb der Oktave. Das „Orff'sche Instrumentarium" wurde in vielen Schulen zur Standard-Ausstattung, auch in den Volksschulen. Die Fülle der vielfältigen Klangmöglichkeiten und der einfache Umgang mit diesen Instrumenten führte Kinder spielend in die Welt der Musik ein. Vor allem entwickelte sich ein Gefühl für einen Klangkörper, der sich aus vielen anderen Instrumenten zusammensetzt und ein hohes Maß an Sensibilität für den Einsatz der jeweiligen Instrumente fordert. Nicht unwichtig für den Erfolg einer späteren Band.

Elvis Presley, die Beatles und andere Rockgruppen aus England und Amerika schockten ab der Mitte des Jahrzehnts die braven Deutschen, die sich gerade aufmachten, sich aus dem „Dreck" heraus in eine ruhige Wohlstandsgesellschaft zu robben. Schon die schreienden, hellen Männerstimmen der Rocksänger, die harten Rhythmen, waren für die Älteren ein Gräuel, auch, wenn gerade Elvis und die Beatles „schöne" Lieder singen konnten, also solche mit einer Melodie, wie bei Bulli Bullahn oder Willi Hagara. Aber bis dahin hing man am Alten.
In den Tanzsälen spielten noch Kapellen ohne Mikrofone und Verstärker, und Plattenspieler gab es erst vereinzelt. Sie mussten ans Radio angeschlossen werden, konnten also keine größeren Räume beschallen. Auf Schulbällen wurde noch mit Ziehharmonika, Gitarre, Akkordeon oder mit dem Klavier die Tanzmusik gespielt. Musiker, welches Instrument sie auch immer selber spielten, waren eine Attraktion. Besonders die Kinder hörten ihnen zu, und sie waren ein dankbares Publikum.

◄Wo kam er her, wo ging er hin, der alte Herr mit der Drehorgel? Wie kommt die Musik in den Kasten und wieder heraus? Es war das große Geheimnis für Kinder. Und die Lieder klangen lustig und doch irgendwie traurig zugleich. Für die Kinder jener Zeit hatten Musikanten etwas Märchenhaftes.

▲Die Hausmusik. Einst gehörte sie in die Salons großbürgerlicher Wohnungen. Aber die waren entweder zerstört oder es gab andere Sorgen, als im Hause klassische Hausmusik zu machen. Doch sehr schnell bildeten sich wieder Jugendmusikschulen und Jugendorchester in allen klassischen Musiksparten. Trotzdem blieb, vor allem das klassische Musizieren, ein Sakrileg der gehobeneren Schichten. Es wurde auch vorwiegend in Gymnasien gefördert.

▶Die große Stunde kam, wenn die Kleinen selber am Mikrofon ihre Stimmen „vergrößern" durften. Im Kinderradio, im Karneval, oder später als „Playback"-Sängerin oder -Sänger.
Neben der leisen Hausmusik setzte bereits die Rockmusik zum Sprung an. Und es wurde alles anders in der Musik – auch für Kinder.

Noch am Anfang der 50er Jahre konnten die Kinder auf dem Asphalt der noch weitgehend von Schlaglöchern gebeutelten Straße vor dem Haus ihre Kreisel, den „Dopp“, mit der Peitsche weiter treiben. Oder sie „hickelten“ auf einem Bein über die mit Kreise markierten Kästchen. Nur das alte Auto des Arztes oder der Opel P4 der alten Samenhändlerin oder ein alliiertes Militärfahrzeug holperten vorsichtig heran. Dann nahmen die Kinder ihren Dopp in die Hand oder merkten sich, in welchem „Hickelhäuschen“ sie angekommen waren, und wenn das Gefährt vorbei war, peitschten sie oder „hickelten“ weiter.
Der rasch anschwellende Verkehr vertrieb die Kinder bald. Die Straßen wurden neu geteert, Bürgersteige dort gebaut, wo seit jeher ein grasiger Randstreifen die Fahrbahn vom parallel laufenden, im Sommer meist fast ausgetrockneten Wassergraben trennte, in dem die Kinder das Leben der Frösche beobachtet – oder auch manchmal auf grausame Weise beendet hatten. Es begann die Zeit, in der die wichtigen Spiel- und Spielschauplätze der Kinder „zubetoniert“ wurden.
Keine Generation vorher hatte sich mit dieser neuen Erscheinung, dem massenhaften Autoverkehr auf der Straße beschäftigen müssen. Übermittelt hatte sich nur eine Gewohnheit: Einem Gefährt, sei es ein Pferdefuhrwerk oder ein Traktor, wich man als Fußgänger aus. Der mit dem Gefährt war der Stärkere, er hatte naturgemäß demnach auch zunächst einmal das Recht auf seiner Seite. Und so kam es, dass die Menschen sich dem zunehmenden Verkehr in ihrem Verhalten anpassten und ihre Kinder entsprechend erzogen. Die waren in ihrem fortwährenden Bewegungsdrang, ihrer Gedankenlosigkeit und ihrem eingeschränkten Blickfeld besonders gefährdet. Wie Hunde liefen sie manchmal an der Leine neben Erwachsenen her. Dann begannen die Gemeinden mit der „Verkehrserziehung“ für Kinder und Jugendliche. Nicht für rücksichtslose Autofahrer! Die örtlichen Polizisten übernahmen diesen Job, auch deshalb wahrscheinlich, um von Anfang an klarzustellen, dass sie fortan für alles, was mit dem Autoverkehr zu tun haben würde, zuständig seien, auch für die Strafen bei „Zuwiderhandlungen“. Die Kinder begriffen es schnell, vor allem, wenn sie nicht nur als passive, sondern auch als aktive Verkehrsteilnehmer ernst genommen wurden und selbst die Polizei spielen durften. So wurden die „Schülerlotsen“ nahezu zu kleinen Amtspersonen, die den Verkehr aufhalten durften. Das war schon was. Sie waren wirklich eine segensreiche Einrichtung, denn schon in der Mitte des Jahrzehnts war der Verkehr so stark, dass es Kindern, vor allem wenn sie massenhaft aus den Schulen quollen, kaum alleine möglich gewesen wäre, auf die andere Straßenseite zu gelangen.
Die Gemeinden gaben sich viel Mühe bei der Einrichtung von „Verkehrsgärten“, wie die Übungsplätze poetisch, oder „Verkehrsübungsgelände“, wie sie im Amtsdeutsch genannt wurden. Die Kinder nahmen sie an, und die Prognose der Erwachsenen, dass diese Kinder in einigen Jahren selber Autofahrer sein würden, erwies sich als richtig. Jedes Kind, ob Junge oder Mädchen träumte von einem Auto, fast jede und jeder kannte alle Autotypen, und so war es selbstverständlich, dass sie sich nicht nur in ihren Wünschen und Erwartungen, sondern auch frühzeitig ganz praktisch auf ihre künftige Rolle als Verkehrsteilnehmer gerne vorbereiten ließen. Außerdem war der Unterricht auf dem Übungsplatz viel spannender als im miefigen Klassenzimmer, etwa in Mathe oder Deutsch.

Sicher ist sicher! Der Kleine scheint es schon aufgegeben zu haben, einfach so herumzurennen. In der Tat, es war recht aussichtslos einem Kind zu sagen „pass auf die Autos auf!“. Natürlich verstand es, um was es ging. Aber in der nächsten Minute sah es auf der anderen Straßenseite ein Kätzchen und schon hatte es die Mahnungen der Mutter wieder vergessen.

▲Masseninstruktion. Der Polizist erläutert, was zu tun und was zu lassen ist. Aber bei den großen Klassen verstanden ihn nicht selten nur die in den ersten Reihen. Später ging man zu Gruppengesprächen über.

▶Bald gründete sich die „Verkehrswacht", die mit Hilfe der Polizei den Verkehrsunterricht ausbaute und erteilte. Auch für Lehrer und Lehrerinnen war diese „Unterweisung" interessant. Besaßen doch auch sie häufig noch kein Auto, und so konnten sie sich auf diese Weise ganz praktisch auf ihre bevorstehende Führerscheinprüfung vorbereiten.

◀ Die Shell AG stiftete diese Trampelautos für die Verkehrserziehung. Damit kam der Unterricht der Wirklichkeit schon sehr nahe. Und richtige Dienstmützen und weiße Armstutzen waren für die kleinen Verkehrspolizisten auch ein Anreiz, mitzumachen. Wenn auch die altbewährte unverwüstliche Lederhose nicht ganz dazu passte. Aber oben herum, da stimmte es schon – fast.

▼ Die Arbeit von Schülerlotsen war zugleich ein wirksamer Aspekt politischer Bildung zum demokratischen Staatsbürger. Einsicht in die Notwendigkeit, persönliches Engagement, Verantwortung übernehmen für die Schwächeren, Hilfsbereitschaft und nicht zuletzt auch bereit zu sein, das geltende Recht – etwa gegen rabiate Autofahrer – durchzusetzen. Fähigkeiten, die für den weiteren Verlauf der folgenden Jahrzehnte unentbehrlich wurden.

Unfall-Simulation. Keine Menschenleben gefährden, auch nicht das eigene, rücksichtsvoll und klug fahren und deshalb die Vorschriften und Regeln einhalten. Das Straßenverkehrsgesetz vermittelt Kindern am deutlichsten, wozu Gesetze überhaupt notwendig sind und weshalb sie respektiert werden müssen. Denn gerade im Verkehr kann es schreckliche Folgen haben, wenn man die Verkehrsregeln nicht beachtet. Wer ist schuld? Die Frage ist so alt wie der Verkehr selber. Es geht in erster Linie um das Leben und die Gesundheit von Menschen und deshalb um ein Höchstmaß an Verantwortung. Hinzu kommt: Das Auto ist teuer, die Reparaturen auch. Jemand muss sie bezahlen, wenn es zu einem Unfall gekommen ist. Rechtsfragen müssen geklärt werden. Der Verkehrsunterricht war eine der wichtigsten und weitsichtigsten Erneuerungen schon ab der Mitte der 50er Jahre.

So groß war die Auswahl der Genussmittel für Kinder nicht, ebenso wenig wie für die Erwachsenen. Es gab noch keine Supermärkte, in denen in Kassennähe unzählige Schokoriegel gestapelt waren, nicht einmal überall Eis. Die Kinder freuten sich, wenn der Eismann mit seinem zweirädrigen, weißen Wagen mit den silbrigen, hohen Deckeln anrollte und klingelte. Dann gab es für zehn Pfennige eine Kugel, und das war schon teuer für so manche Eltern. Die Stadtkinder hatten schon einen italienischen Eissalon in der Nähe. Vielleicht ergatterten sie auch hier und da eine Tafel Schokolade, die sehr teuer war. Viele Möglichkeiten hatten sie nicht. Die Kinder auf dem Lande freuten sich auf die Früchte, wenn sie reif an den Bäumen im Garten hingen, die Kirschen, Äpfel, Birnen, Pflaumen oder Mirabellen. Oder auf die Erdbeeren, Himbeeren, Brombeeren, oder die Stachelbeeren, die in „Kopf- und Handhöhe" zu erreichen waren. In der Schule gab es „Schulspeisung" und die kam aus Amerika, England oder sogar aus Irland. Manches war gut, vor allem, was mit Schokolade zu tun hatte. Das andere schmeckte fremdartig. Gewürze, die man noch nie gegessen hatte, bestimmten den Geschmack, Früchte, die man nicht kannte, waren unter gemischt, und die Saucen schmeckten auch nicht so wie zu Hause. Aber die Kinder aßen es, dennoch litten viele unter der mangelnden Ernährung aus der Zeit unmittelbar nach dem Krieg, und der war ja auch gerade erst fünf, sechs Jahre vorbei.

Fleisch gab es zu Hause höchstens einmal in der Woche, sonntags. Die Hähnchenwelle brach erst in der Mitte der 50er aus, und dann richtig. Sie schien sogar wie eigens für Kinder gemacht, denn man nagte das Fleisch vom Schenkelknochen ab, und den durfte man in der Hand halten. Schmier hin, Schmier her, die Mutter hatte ihre Meinung geändert! Aß selber aus der Hand!

Überhaupt maßen sich die 50er Jahre nicht nur an der Zahl der Autos oder renovierten oder neu gebauten Häusern, sondern an der Menge und Qualität des Essens, das einem täglich zur Verfügung stand. Das Essen wurde zunehmend zum Gesprächsstoff. Weniger waren es die Rezepte, von denen es für den Alltagsbedarf nicht allzuviele gab, und die jeder ohnehin kannte, sondern die Menge, die beeindruckte. Jeder erzählte jedem, wie viel er zu Hause oder da und dort gegessen hatte, wie groß das Schnitzel war, wie viel er auf dem Teller für wie viel Geld hatte. Und die Kinder hörten erstaunt zu und aßen kräftig mit. Die „Fresswelle" begann. Nach den Entbehrungen der Nachkriegszeit, wollte jeder sein Gewicht erreichen, das er sich selber zugedacht hatte. Aber damals eher „von unten her". Die „Schlankheitskur" hatten alle hinter sich, und sie wollten nichts mehr davon wissen. Die Leute wurden dicker – und die Kinder auch.

Die ersten zurückgekehrten Italientouristen brachten sie mit: Die Spaghetti, die Pasta, die Peperoni. Aus Spanien kamen Oliven mit nach Hause, aus Jugoslawien die Paprika, aus Frankreich die Gewürze der Provence und aus England eine bittere, gelbe Marmelade! Plötzlich war es nicht mehr nur das gemeine Schnitzel, sondern es erhielt neue Gewürze, der gemeine Salat wurde bunter und pikanter, kurz, schon ab der Mitte des Jahrzehnts ging es auch schon um Qualität und eine Vielzahl internationaler Zutaten.

Gleichzeitig begann aber auch die „Grillwelle". Zuerst die Bratwurst, dann auch das Schnitzel, wurden jetzt gegrillt und massenhaft verspeist. Vor allem in fester Freundschaft mit Bier, das von immer mehr Brauereien auf den Markt gebracht wurde. Und jeder hatte seine Marke. Die Kinder tranken Coca-Cola, und die Fortschrittlicheren tranken die anderen Cola-Sorten – kamen dann aber nach einer Weile wieder auf die alte Coca zurück. So erfuhren die meisten Kinder in den 50er Jahren beides: Hunger und Mangel zuerst und Fülle danach.

◀ Manche Lehrer nutzten die Chance, den Kindern zu erklären, woher die Speisen kamen, die ihnen von weit her gespendet worden waren. Irland, das kannte kaum jemand, war weit weg.

▶ Eis blieb Eis. Ob vom Eismann mit den verheißungsvollen silbrigen hohen Deckeln auf dem Wagen oder vom neuen italienischen Eissalon, Eis war und blieb der Favorit aller Genussmittel. Eis hatte es sogar in den armen Jahren zuvor gegeben. Mit Wasser und Milchpulver gemacht, das man sich bei den Besatzungssoldaten ergattert hatte oder sonstwie aus geheimnisvollen Quellen. Die Eismacher waren äußerst erfindungsreich und improvisierten alle möglichen Sorten von Eis. Selbst die Kleinsten konnte man mit Eis beruhigen – oder bestechen. Für Eis taten sie alles!

▲ Wenn es zum „Beerensammeln“ in den Wald ging, galt es kräftig mitzuhelfen, so klein man auch war. Aber die Mutter konnte überaus sauer und unangenehm werden, wenn der Knabe die Heidelbeeren, die er mühsam in seinem Becher gesammelt hatte, sofort aufaß.

▲ Noch können sie nicht mithelfen, das Heu aufzuladen. Was sie aber bereits können ist, die Brezeln in aller Ruhe verzehren, die für alle als zweites Frühstück gedacht waren. Überhaupt schmeckte es, was immer es auch gewesen sein mag, draußen besser als zu Hause. In Erntezeiten, wenn die ganze Familie auf dem Feld arbeitete und die Tante das Essen, meist eine dicke Suppe mit ein Paar Fleischbrocken drin, brachte, war es kein Thema, erst einmal die obere dicke Schicht toter Mücken abzuschöpfen. Es schmeckte trotzdem, und gestorben ist daran – hoffentlich – auch niemand.

▲ Kuchen am Sonntag war der Höhepunkt. Je nach Art durften Kinder ihn auch aus der Hand essen. Und Cremetorten waren äußerst selten – meist nur aus Pudding auf flachem Kuchenboden gemacht. Die Leute erinnerten sich an die wenigen zurückliegenden Jahre, in denen es nicht einmal Mehl gegeben hatte.

Die Deutschen waren und blieben sauber. Daran haben auch die schlimmen Zeiten während des Krieges und in den Jahren danach nichts geändert. Man wusch sich selbst und die gesamte Familienwäsche mit Kernseife oder Seifenersatz. Flüssig oder in fester Form. Es war mühsam, und vor allem die Frauen trugen die Last des Waschens. Auf einem Waschbrett rubbelten sie Stück für Stück, denn Waschmaschinen konnten sich die meisten nicht leisten, obwohl es sie schon gab, allerdings keine elektrischen. Die Wäsche wurde auf dem Speicher oder im Garten zum Trocknen aufgehängt oder auf die „Bleichwiese" zum Trocknen und Bleichen gelegt. Zwar trugen die Männer noch – wie in den Zeiten zuvor – ein Hemd eine Woche lang, aber auf Sauberkeit wurde streng geachtet.

Die sanitären Einrichtungen in den Häusern stammten noch aus der Zeit, in der sie gebaut worden waren, den 10er, 20er und 30er Jahren, manche auch schon aus den frühen 40ern, aber da war schon Krieg, und es wurde kaum noch gebaut. Das „Plumpsklo" fand sich nicht nur auf Bauernhöfen oder in den Häusern armer Leute, sondern auch in denen der Mittelschicht, in der Regel außerhalb der Wohnung auf der halben Treppe und nicht selten von zwei Wohnparteien genutzt. Bäder waren selten, ebenso wie Zentralheizungen.

Sauberkeit zu halten war bis weit in die 50er Jahre hinein mit viel Arbeit und Aufwand verbunden. Um so willkommener waren die neuen Putzmittel und moderne Waschmaschinen. Wer eine hatte, gab damit ganz schön an. Waschmaschine und Kühlschrank, das bedeutete zu jener Zeit so viel, wie heute ein eigenes Haus mit Swimmingpool und Zweitauto sowieso.

Die Umrüstung vom Plumpsklo auf WC gestaltete sich in den älteren Häusern schwierig und erwies sich als sehr teuer. Fast immer geriet sie zu einem völligen Umbau der alten Strukturen. Und deshalb dauerte es in vielen Fällen noch bis in die 60er Jahre hinein, bis die „Aborts" verschwunden und dann gleich durch moderne und komfortable Bäder, inkl. Dusche und WCs ersetzt wurden.

Besonders Kinder hatten unter mangelnder und einseitiger Ernährung während des Krieges und der Nachkriegszeit leiden müssen. Nicht wenige waren an Tbc erkrankt, trugen auch nach der Heilung noch lange die Narben auf der Lunge und mussten ständig zur Kontrolle untersucht werden. Tbc-Schutzimpfungen im ganzen Land verhinderten die Weiterverbreitung. Aber viele hatten auch Zucker, besonders Jugendliche, die in den 40er Jahren geboren waren und über lange Zeit einseitig ernährt wurden. Die gesundheitliche Kontrolle der Kinder und die Vorbeugung zum Schutz gegen weitere Erkrankungen, z.B. auch des Zahnverfalls, war eine der hervorragenden Leistungen der politisch Verantwortlichen jener Jahre.

▲An die Freude über die erste eigene Leistung kann sich später niemand mehr erinnern. Sie wurde mit höchstem Lob honoriert. Nur wenn wir unsere „Produktion" stolz mit der Hand begutachten wollten, gab's schon gleich wieder Ärger.

▲ Das Plumpsklo war meistens für Erwachsene und nicht für Kinder konstruiert. Von den Kleinen musste es erst erklettert werden. Was hineinfiel, landete in der Jauchegrube oder der „Puddelkaut". Auf dem Lande wurden sie vom Bauern entleert und der Inhalt auf den Feldern als Dünger abgeladen. Eine unangenehme Angelegenheit. Aber der Bauer hatte ein Fass für so etwas, das er auf den Leiterwagen montieren konnte. Natürlich nahm man nur ausgewählte Freunde auf das Plumpsklo mit, in der Regel hielt man sich dort alleine auf, dachte über die Welt nach, las die neuen amerikanischen Mickeymaushefte oder fing Fliegen.

◀ ▶ Wenn die Zinkwanne in die Küche gebracht und mit warmem Wasser gefüllt wurde, bestand höchste Alarmbereitschaft. Es wurde gebadet, und das konnte unangenehm werden, wenn man sich an den Seifenschaum in den Augen beim letzten Mal erinnerte, oder an das Rubbeln an Bauch und Rücken. Und die größere Schwester kam danach auch noch in die Wanne. Heißes Wasser zu bereiten dauerte lange und erforderte viel Umstände. Bäder gab es nur selten, schon gar nicht Badelandschaften, wie sie heute nicht selten üblich sind. Auch ein Föhn brummte bedrohlich. Am besten, erst mal schreien, wenn's auch wohlig warm wird.

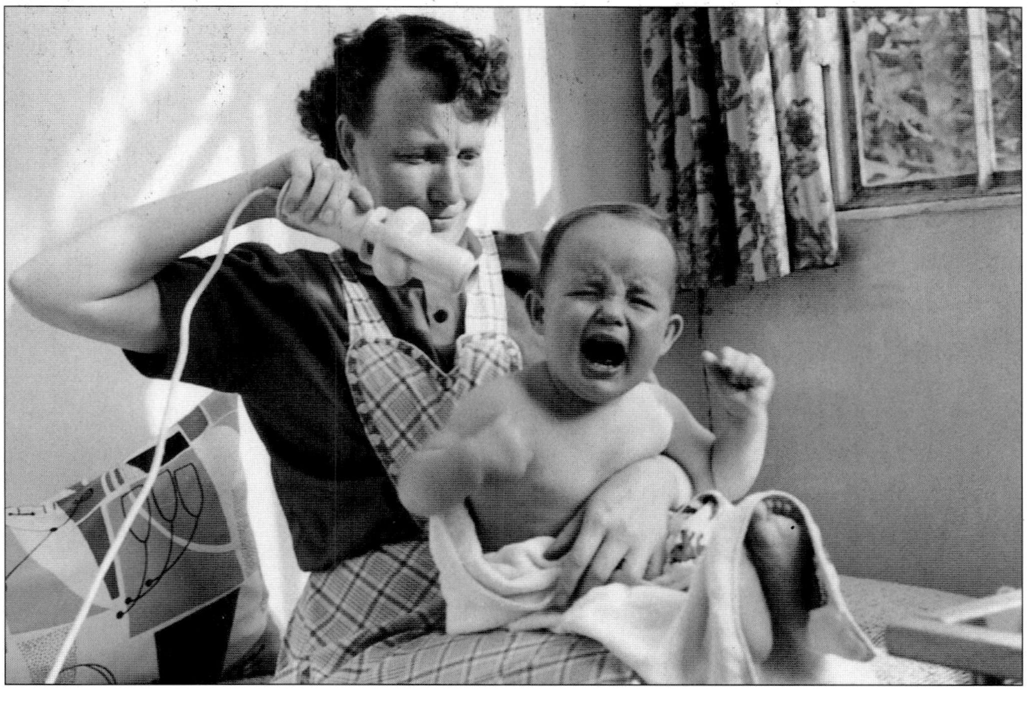

Der Durchlauferhitzer brachte schon ab der Mitte der 50er Jahre den Durchbruch zum besseren Leben. Kein Badeofen mehr, der samstags schon Stunden vor der „Familien-Badesaison“ angeheizt werden musste. Jeder bekam sein eigenes Wasser und hatte ein Recht darauf – zu jeder Zeit! Das war die Wende – im Badezimmer. Von da an konnte es nur noch besser werden.

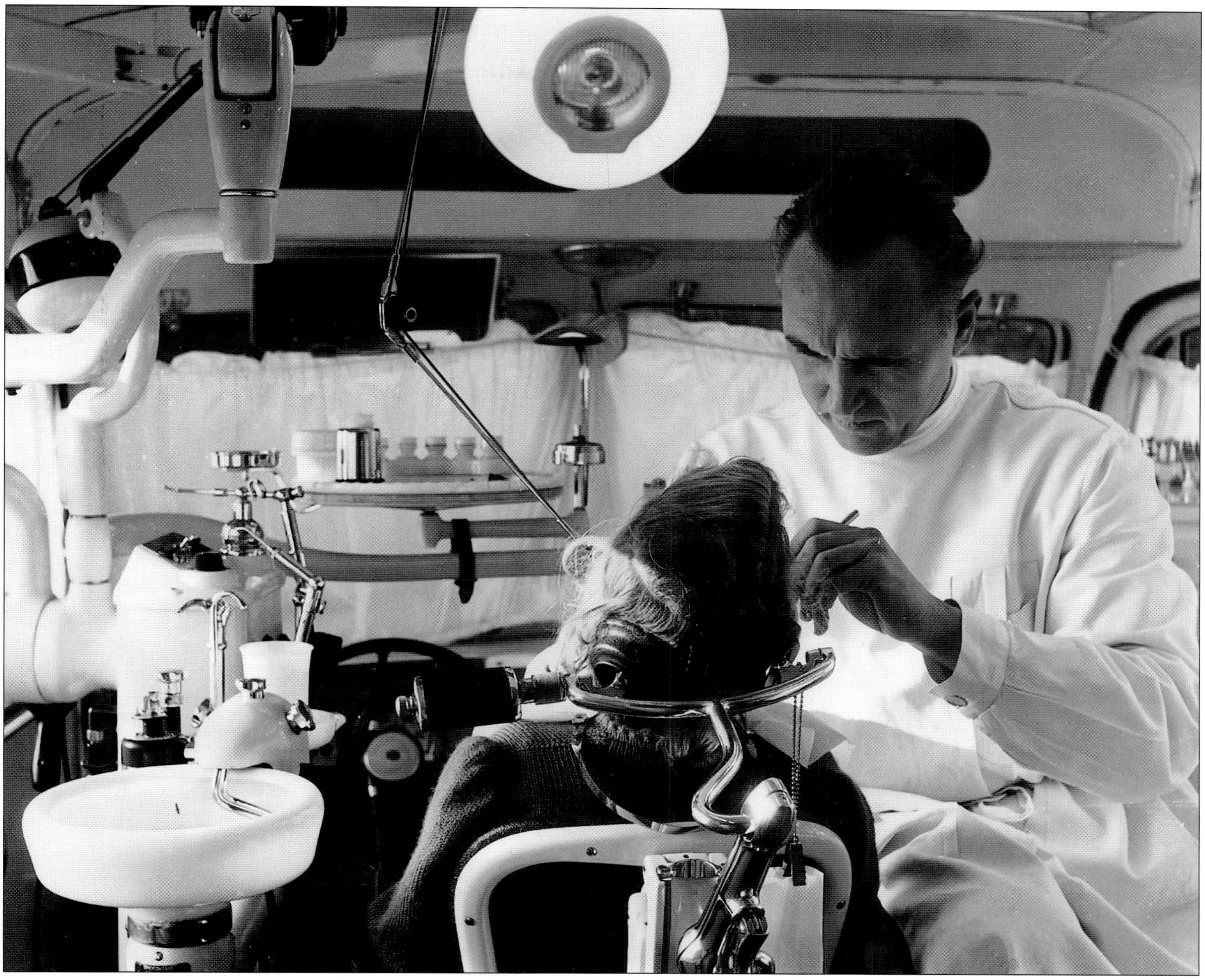

▲▶Regelmäßig mussten Kinder auf ihren Gesundheitszustand untersucht werden. Tbc, Ernährungsmangel und Wachstumsprobleme aus den Kriegs- und Nachkriegsjahren wirkten noch lange nach. Viele Kinder litten bereits an Zucker, hatten schlechte Zähne und eine ungesunde Körperhaltung. In Zusammenarbeit mit Schulen und Ärzten organisierten die Gemeinden und Kreise vielerorts regelmäßige Reihenuntersuchungen, z.B. auch mit einer „rollenden Schulzahnklinik“.

In den 50er Jahren waren noch weitaus mehr Menschen in der Landwirtschaft beschäftigt als heute. Die Kinder auf den Bauernhöfen wuchsen schon früh und wie selbstverständlich in die tägliche Arbeit hinein. Sie lernten schnell etwas über Tiere, Früchte, Saat- und Erntezeiten, sahen Vater und Mutter bei den täglichen Verrichtungen zu, halfen selbst mit, so weit es ihre Körperkräfte und Größe zuließ und wurden auf diese Weise rasch selbstständig. Mit zwölf spätestens fuhren sie den Traktor, konnten mit den landwirtschaftlichen Geräten und Maschinen umgehen, konnten kochen und backen, den Haushalt besorgen und sogar Babys wickeln – und mussten zwischendurch auch noch ihre Hausaufgaben für die Schule machen. Von den gleichaltrigen Städtern wurden die Bauernkinder nicht selten belächelt und sie machten Witze über sie. Aber wenn es, wie etwa bei Schulausflügen, um praktische Lösungen von Problemen ging, zeigten die Bauernkinder wo's lang ging, während sich die Stadtkinder nicht die Hände schmutzig machen wollten, nicht praktisch denken und zupacken konnten oder einfach nicht kräftig genug waren.
Obwohl es seit der Währungsreform bereits alles zu kaufen gab, kam es bis zum Anfang der 50er Jahre noch zu Missernten, zerfraßen Kartoffelkäfer eine ganze Ernte. Es gab nur einige Düngemittel, aber keine modernen Schädlingsbekämpfungsmittel. Einen Europäischen Markt gab es noch nicht, die EG wurde erst später gegründet. Die nationale Förderung bestand aus dem „Grünen Plan" der Bundesregierung, aus dem die Ausgleichszahlungen bei Ernteverlust nicht allzu hoch waren. Aber die Menschen mussten mit Nahrungsmitteln versorgt werden, und nach den langen Jahren des Hungers und des Mangels wollten sich die Leute endlich satt essen. Die Landwirtschaft hatte lange Zeit noch eine Schlüsselstellung.
Die Arbeit auf den Feldern war noch schwer, nur wenige Landmaschinen und Traktoren gab es. Vieles wurde noch in Handarbeit erledigt, und man musste nicht nur eine stabile Gesundheit haben, sondern sie auch durch kräftiges Essen erhalten. Unzählige Menschen, die bis zur Mitte der 50er noch keine Arbeit, und damit auch kein oder zu wenig Geld hatten, mussten sich in den Erntezeiten bei den Bauern zumindest die Naturalien verdienen. So arbeiteten nicht nur die gesamte Familie auf Hof und Feldern, sondern auch andere Menschen aus den nahen Klein- und Großstädten, vorwiegend als Hilfskräfte in der Erntezeit. Die Lebensbedingungen der Kinder auf dem Land waren ungleich besser, als die der Stadtkinder. Sie lebten in der Natur, hatten genug zu essen, atmeten gesunde Luft, hatten ihre Tiere und waren in vielen Dingen erfahrener und selbstständiger. Aber sie waren auch benachteiligt. In die Ferien fahren konnten die meisten nicht, weil jede Hand auf dem Feld gebraucht wurde. Viel Freizeit zum Spielen blieb ihnen auch nur in den ersten Lebensjahren, dann mussten sie „ran". Noch in den 40ern galt in einigen Regionen die Tradition, dass die Jungen nach ihrer Konfirmation zu den Männern gehörten. Deshalb schenkte man ihnen zu diesem Fest einen Hut, eine Taschenuhr und einen Schirm. Einen Männeranzug mit Weste sowieso, und wenn's die alten Sachen vom Vater oder Großvater waren, denn neu kaufen konnte man nichts, weil es nichts gab.
Und wer als Landkind das Abitur machen und studieren konnte, blieb meistens in den städtischen Zentren. Aber, wie schwer es auch manchmal im bäuerlichen Zuhause gewesen sein mag, es war vergessen und verziehen. Was blieb bis zum Lebensende, war die Erinnerung an eine friedliche, arbeitssame, erfolgreiche und erfüllte Kindheit.

▲ Schulkinder sammeln Kartoffeln, die sie in der Stadt verkaufen wollen. Mit dem Erlös wollen sie an anderer Stelle helfen, Not zu lindern. So etwas gab es noch lange in den 50er Jahren. Die Bauern spendierten die Kartoffeln. Kinder arbeitsloser Eltern in der Stadt brauchten Kleidung und manchmal sogar Nahrungsmittel. Die Menschen hatten in den schlechten Jahren zuvor gelernt, sich gegenseitig zu helfen. Eine Zeit, in der viele Kinder entweder aktiv oder passiv wertvolle soziale Erfahrungen gemacht haben.

◄► Es war Frauenarbeit, das Kartoffellesen. In den Augen der Kinder reichten die Felder angesichts der im wahrsten Sinne des Wortes vor ihnen liegenden Arbeit bis zum Horizont. Es schien aussichtslos, jemals alle Kartoffeln in die Körbe zu kriegen. Wenigstens waren die Brote mit echter Butter und guter Wurst belegt, die es zur Pause gab.

▶ Vor der Scheune arbeitet die Kartoffeldämpfmaschine, die Kartoffeln zu Viehfutter aufbereitet. Natürlich wussten die Kleinen, um was es da ging, was der Vater da tat, und sehr bald werden sie selber die Hebel und Knöpfe bedienen können.

▼ Oft waren die Väter noch nicht aus der Gefangenschaft zurückgekehrt, und die Leistung der Mütter in dieser Zeit ist nie richtig gewürdigt worden, aber sie war enorm. Die Landwirtschaft musste in Betrieb gehalten, der Haushalt versorgt und die Kinder erzogen werden. Töchter und Söhne lernten schon früh, in Haus und Hof Verantwortung zu übernehmen. Und die Arbeit, so schwer sie auch manchmal gewesen sein mag, hatte für die Kinder einen Sinn: Grünfutter vom Acker holen, damit das Vieh etwas zu fressen hat, denn wenn das Vieh nichts hat, gibt's weder Milch noch Butter.

▲ ▶ „Ernteeinsatz". Es gab kein Entrinnen. Die ganze Familie musste helfen, denn die Möglichkeiten zum Ernten hängen auch von der Wetterlage ab. Und zur Familie gehörten dann nicht nur Eltern und Kinder, sondern auch Tanten, Onkels und andere Leute, die sich ein Paar Lebensmittel verdienen mussten. Allerdings, so scheint es, hat der Steppke durchschaut, was auf ihn zukommt – er hält offenbar nach Fluchtmöglichkeiten Ausschau.

▲ Eine Dreschmaschine war für Kinder ein wunderliches Monstrum. Vorne die Bündel hinein, hinten die Getreidekörner heraus. Und was geschah dazwischen? Ein bedrohlicher Lärm, Räder in Aktion, sich bewegende Teile und viel Staub. Manchmal stieg ein Mann die Leiter hinauf, rückte etwas zurecht, griff in die Maschine – ein Held. Die hoch beladenen Wagen standen Schlange, denn die Dreschmaschine kam nur einmal, und alle mussten ihre Ernte dreschen lassen. Wer's verpasste, musste zu Hause auf dem Hof alles mit dem Dreschflegel, einem langen Stiel mit einem Schwengel oben dran, selber mit der eigenen Kraft dreschen. Und die Dreschmaschine war nicht selten auch Ziel von Schulausflügen. Die Landwirtschaft hatte noch einen hohen Stellenwert im Schulunterricht.

▶ Am Gummieuter lernen junge Landwirte das richtige Melken – wenn sie es nicht ohnehin schon konnten. Die Milchviehhaltung gewann zunehmend an Bedeutung, und die Molkereigenossenschaften sorgten nicht nur für regelmäßige monatliche Einnahmen der Landwirte, sondern auch für eine systematische und zielgerichtete Ausbildung des Nachwuchses.

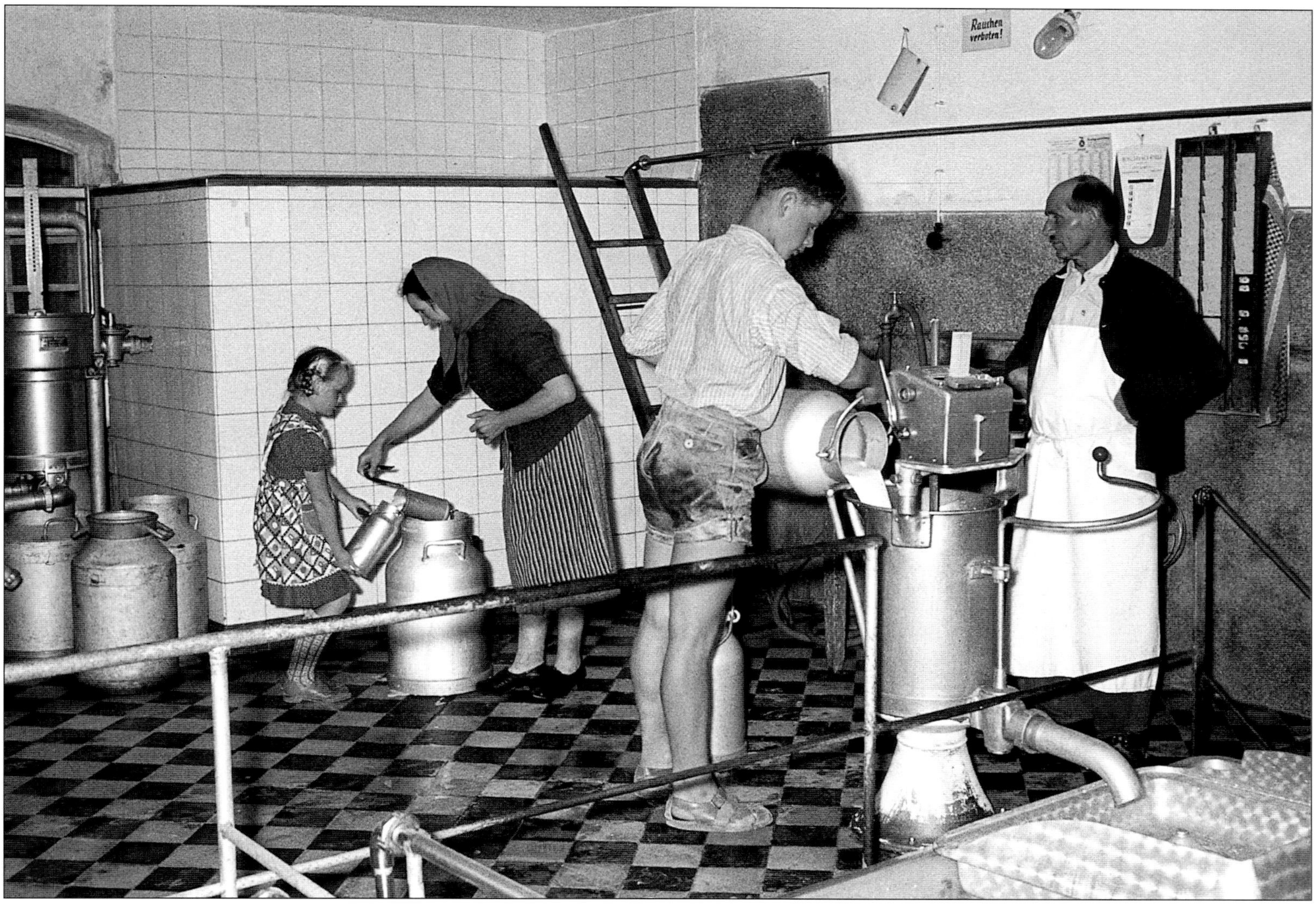

▲ Die Rahmstation der Molkereigenossenschaft, die „Molke" war das Kommunikationszentrum im Dorf. Hierhin brachte jeder Hof seine Milch, und die anderen Leute aus dem Dorf holten sich in Kannen die Milch für ihren täglichen Bedarf ab. Man traf sich, sprach über Neuigkeiten und wenn es die nicht gab, noch einmal über die von gestern.

▶ Wenn die größte Milchkanne im Haus beim Tragen nicht mehr auf dem Boden aufsetzte, war ein Kind groß und stark genug, die täglich benötigte Milch zu holen. Milch holen gehörte zum Alltag in nahezu allen Familien. Und immer die Kleinen! Die Molke oder die Milchläden lagen ja nicht gerade vor der Haustür. Also, hinlaufen, anstehen, – die Großen und die Erwachsenen drängten sich immer vor – die volle und schwere Kanne nach Hause schleppen, da kam Freude auf. Und, das Schlimmste, auf dem Rückweg noch Brot beim Bäcker holen.

Die Mithilfe von Kindern in der Landwirtschaft war nicht unproblematisch und nicht immer zu vertreten. Dann nämlich, wenn sie zur Ausbeutung wurde. Oft waren sie viel zu klein und schwach, um die schweren Arbeiten, die ihnen aufgebürdet wurden, zu verkraften. Wachstumsschwierigkeiten, Krankheiten und Depressionen waren die ernsten Folgen. Tatsächlich mussten kleine Kinder – wie hier auf dem Foto – solche schweren Milchkannen und andere Lasten tragen. Und sie konnten sich nicht verweigern, denn die Strafen, die zu erwarten waren, waren hart, und es waren nicht selten Prügel.

◀ ▲ Das „Backes", Backhaus, war, wie die Molke, das dörfliche Zentrum, auch für die Kinder. Noch bis weit in die 50er hinein wurde an bestimmten Tagen der Woche der Ofen angeheizt, und alle Familien backten ihr Brot. Die industrielle Brotherstellung und die zunehmende Mobilität der Bäckereien, die nun das Brot aus der Stadt mit dem Auto bringen konnten, führten sehr schnell dazu, dass die Backhäuser geschlossen wurden.

Nicht nur Brot kam allmählich mit dem Auto an, sondern auch Milch, Butter, Eier und Käse. Die Bauern kauften plötzlich einen Teil ihrer eigenen Produkte, nämlich den zu Butter, Käse und Brot verarbeiteten, beim Händler wieder ein, und die Nicht-Bauern, vor allem aber die Kinder, hatten weniger weite Wege zum Einkaufen zurückzulegen.

Haustiere sind wichtige Partner der Kinder. Sie sind stumm, anhänglich, treu und streiten nicht. Sie teilen die Freude und sind gute Zuhörer, wenn man traurig ist.
Auf dem Lande, besonders auf den Bauernhöfen, gehören Tiere von Anfang an zum Alltag der Kinder. Es sind die Katze neben dem Ofen, der Hund auf dem Hof, die Schweine, die Ziegen und Schafe, Kühe und Pferde in den Ställen und nicht zuletzt die Hühner auf der Wiese oder im großen Pferch. Eine große Vielfalt des Lebens. Dazu kommen die Vögel, große, kleine, graue Spatzen und bunte Spechte. Einige fliegen im Winter weit weg, sind im Frühling wieder da, so, wie an manchen Orten die großen Störche, andere bleiben da und brauchen bei Schnee und Eis Futter, das sie in den warmen Ställen oder vor dem Küchenfenster finden. Alle haben sie Augen, die einen anschauen, so wie die Menschen, und alle essen sie etwas anderes. Einige können sich gegenseitig nicht leiden, jagen, beißen oder fressen sich, wie die liebliche kleine Katze die Mäuse und die kleinen Vögel. Und einige werden geschlachtet, und ihr Fleisch wird von den Menschen aufgegessen! Manchmal ist es Jolante, das Schweinchen, das inzwischen riesengroß geworden war, ein andermal die Ziege Berta oder der Stallhase Hermann, von denen die Kinder Abschied nehmen mussten. Sehr bald wussten die Kinder, was Tod bedeutet.
Vielleicht ging es der Kuh Fanni, der Stute Paula oder den drei Schafen Josi, Hanni und Klara besser, die der Mann mit dem braun-gelben Kittel abgeholt und in den großen Anhänger getrieben hat. Aber, wahrscheinlich nicht. Andererseits gingen oft Kinder mit Tieren nicht gerade zimperlich um. So manche Katze und so mancher Frosch wurden zu Tode gequält. Oft schlugen die Väter die Kühe auf empfindliche Stellen am Körper, wenn sie den Wagen, den Pflug oder die Egge nicht schnell genug zogen. Oder das Pferd litt, wenn der Hufschmied mit dem heißen Eisen das Fleisch an den Hufen ansengte und der Bauer es mit der Peitsche zum Stillhalten zwingen wollte. All das bekamen Kinder mit, und da es die Erwachsenen taten, warum sollten sie es an den schwächeren Tieren nicht auch tun? Und schließlich durften – oder mussten – sie sogar beim Schlachten zuschauen.
Für Stadtkinder waren die Hoftiere und sogar manche Vögel eine Attraktion, wenn sie zu Verwandtenbesuchen aufs Land kamen. Sie kannten aus ihrem Alltag nur den Hund, die Tauben und nicht selten Mäuse und Ratten. Wer Glück hatte, war schon einmal in einem Zoo gewesen. Fernsehen gab es erst ab 1953, und so kannten sie keinen „Flipper", den Delphin und kein Fjuri, das Pferd. In den kleinen, engen Wohnungen gab es für Tiere keinen Platz, nicht einmal für eine Katze, und in den Innenstädten gab es meistens nur Spatzen und Meisen, wenn überhaupt. Nur in den Siedlungen am Rande der Städte, hielten sich einige Familien Nutztiere, wie Hühner, Kaninchen oder Ziegen. So hatten Kinder vom Lande gegenüber denen aus den Städten einen erheblichen Vorteil.

So ganz geheuer scheint ihr die kleine Sau nicht zu sein. Und deshalb wird zuerst einmal, sicherheitshalber, nach Hilfe geschrien. Vor allem, wenn man noch nicht weiß, was das Tier wirklich vorhat und mit was man es bestechen kann.

◀ Eine Ziege im Stall sicherte täglich Milch, zwei Hühner brachten zwei Eier und Kaninchen einen Braten im Dezember. Das Lämmchen war der Liebling der Kinder. Aber je größer es wurde, umso störrischer wurde es als heranwachsende und ausgewachsene Ziege – und unberechenbar. Es hieß jetzt Liesbeth und ließ nur die Mutter zum Melken an sich heran.

▼ Mit den Hühnern fing es an. Zuerst laufen sie weg, dann kommen sie herbei, wenn sie das Fressen erkennen. Der Umgang mit den Tieren, ihre Versorgung und ihre Pflege vermittelten Kindern schon früh ein Gespür für Verantwortung. Landkinder in den 50ern blieben noch lange Zeit an ihren Lebensort gebunden. Nur selten oder in vielen Fällen gar nicht, konnten sie eine längere Reise unternehmen. Was sie kannten, war die nächstgelegene Stadt, zu der die Eltern sie mitnahmen oder wo sie von den Ärzten behandelt wurden, wenn die nicht aufs Land gefahren kamen. Was die Erfahrung von Kindern mit Haustieren betrifft, unterscheidet sich die Zeit der 50er Jahre nicht wesentlich von der heutigen.

◄▼Tauben waren in den 50ern noch eine Delikatesse. Wer eine erlegte, hatte etwas Besonderes auf dem Teller. Und Taubenfüttern war etwas, das allgemeine Zustimmung fand. Es wurde sogar Taubenfutter verkauft. Alte Leute und Kinder waren, vor allem in den Städten, die besten Kunden, denn es war ein Gefühl von Wohltätigkeit, wenn sich die großen Vögel zu den Füßen versammelten und darauf warteten, einen Brocken abzubekommen. Aber was sie in sich hineinwürgten, das kam natürlich auch wieder heraus und so beschmutzten sie Dächer, Straßen und Plätze und nicht selten auch einmal einen Hut oder einen Mantel. Man begann sie zu bekämpfen, zuerst mit der Schrotflinte, später, am Anfang der 60er Jahre, mit der „Pille". Aber für die Kinder blieben genug Tauben übrig, und es ist für sie nach wie vor ein besonderes Erlebnis, auf dem Platz Tauben zu füttern oder am See Enten.

Wer noch einen „Anker"-Baukasten vom Vater hatte oder dessen alten „Märklin"-Stabilbaukasten aus den Vorkriegsjahren, hatte großes Glück. In den letzten Jahren des Krieges und in der Zeit danach, bis in die 50er Jahre hinein, hatte es kein neues Spielzeug gegeben, und wenn, dann war es für die meisten Familien zu teuer. Märklin hatte zwar schon am Ende der 40er Jahre seine Produktion wieder aufgenommen, und es gab die von Jungens so begehrten Stabilbaukästen wieder, aber nur ein einfacher Federmotor zum Aufziehen, eine „Nachkriegs-Neuentwicklung", kostete drei Mark sechzig. Und das war viel Geld. Auch Puppen waren kaum erschwinglich, aber es gab davon noch welche von Mutter oder gar Großmutter. Und es gab den Teddybär noch, dessen weiches Fell zwar arg lädiert war, der sich aber immer noch kuschelig anfühlte. Er war ein alter Gefährte der Familie. Auch gab es noch die alte „Puppenküche", die zwar im Sommer auf dem Speicher verwahrt werden musste aber in den grauen Tagen des Winters ständig in Betrieb war. Das Wichtigste, das es gab, war aber die grenzenlose Fantasie der Kinder. Nahezu jeden beliebigen Gegenstand konnten sie in eine Lokomotive, ein Schiff, eine Puppe, ein Tier oder in ein Flugzeug verwandeln. Allem gaben sie eine Aufgabe, eine Rolle, und manchmal erhielt ein alter Pantoffel, dem sie ein Gesicht aufgemalt hatten, die Stimme des Nachbarn oder Pfarrers. Nichts war perfekt, alles musste erst mit Leben erfüllt und neu bestimmt werden. Hier und dort gab es zwar schon mit einem Draht ferngesteuerte Autos mit einem Motor zum Aufziehen oder eine Puppe, die „Mama" sagen konnte, wenn sie bewegt wurde. Aber das war selten. Was gebraucht wurde im Spiel, wurde erfunden, selbst gebastelt, wie immer es auch aussah, und erfüllte seinen Zweck. Nur die elektrische Eisenbahn, die aus Vaters Kinderzeit mit den großen Loks und Waggons, war annähernd perfekt. Und natürlich besonders attraktiv, aber sie war ja auch etwas Besonderes! Klar, jedes Kind war fasziniert von all dem, was allmählich an perfekt aussehendem Spielzeug auf den Markt kam. Im gleichen Maße verkümmerte aber auch die Fantasie. Und am Ende des Jahrzehnts war die Entwicklung hin zu perfektem Spielzeug im Prinzip abgeschlossen. Die Plastikindustrie hatte bereits naturgetreu nachgebildetes Spielzeug aus grellbunter Plastik massenhaft auf den Markt gebracht. Fernsehen gab es zwar ab 1953, aber nur wenige Haushalte konnten sich vorerst ein teures Gerät leisten. Die Kinder wuchsen ohne Fernseher auf, und so hatten die Geschichten aus den Büchern, ob vorgelesen oder selbst schon gelesen, noch eine große Bedeutung. Aber der Siegeszug des Fernsehens war nicht aufzuhalten. Und es begann das erste Zeitalter der Menschheit, in dem Eltern ihre Kinder mit den ständigen verlockenden Angeboten und vielfältigen Informationen des neuen Mediums erziehen mussten, obwohl es auch für sie selber noch neu war, und sie selber nicht wussten, einigermaßen angemessen und sinnvoll damit umzugehen.

◀ Jeder, der vorlesen kann, sitzt im Ohrensessel des Großvaters oder der Großmutter, die auch immer vorlesen oder einmal vorgelesen haben. Nun kann der Enkel lesen und somit auch vorlesen. Man kennt die Geschichten aus dem Buch „Der goldene Brunnen" längst, aber vom Bruder gelesen, erscheinen sie ganz neu.

▶ Malen und Basteln, möglichst in der Höhle, ist richtige, anstrengende Arbeit. Schließlich hat man in der Schule das Schreiben erlernt, kann sich jetzt mitteilen. Es gab noch keine Kindermalkurse der Volkshochschulen, sondern es kam darauf an, ob es in der Schule musischen Unterricht gab und die Kinder zu Hause gefördert wurden. Oftmals war das auch gar nicht nötig. Wichtig war, dass ihnen die Zeit gelassen wurde und sie nicht unter Leistungsdruck gerieten, die Arbeit erledigten sie schon selber, und das in der Regel sehr kreativ und erfolgreich.

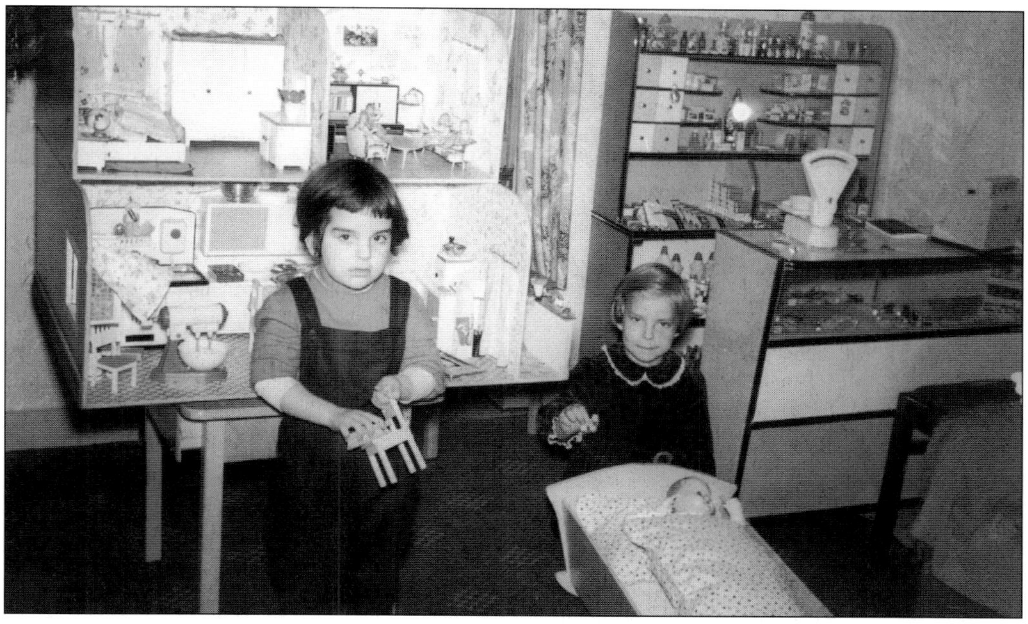

▲Wie heute auch noch, war das Verkleiden eine der wichtigsten spielerischen Beschäftigungen der Kinder in den 50ern. Es genügten alte Lappen und Hüte, Reste aus Nähkästen, alte Brillen und alte Schuhe. Alles konnten sie gebrauchen, um sich in eine andere Person zu verwandeln. Die neuen Figuren spielten neue Szenen, die sie sich zurechtfantasierten, denen aber auch nicht selten Kasperlestücke, Märchen oder andere Geschichten zu Grunde lagen.

▲Dass man für alles bezahlen musste, lernten die Kinder schon früh mit ihren Kaufläden. Aber sie probierten auch aus, wie es ist, wenn man jemanden einfach etwas schenkt. So gab es in der Familie immer Kunden, die bezahlen mussten, wie hier die Brüder zum Beispiel, und welche, die alles umsonst bekamen. Und das waren sorgsam ausgesuchte Personen, denen man auf diese Weise sagen konnte, was man von ihnen hielt. Gerade die Geschwister waren es oft, die in den Kaufladen „eingebrochen“ waren und die kleinen leckeren Sachen, wie Bonbons, Schokoladenstückchen oder Marzipankartöffelchen hatten mitgehen lassen. Puppenküchen und Kaufläden gab es zwar zu kaufen, doch am schönsten waren die, die der Vater gebastelt und die Mutter angemalt hatten, und die dann in voller Pracht unter dem Weihnachtsbaum standen. Jedes Jahr wieder, nur die Leckereien waren anders.

▲Die neue elektrische Eisenbahn aufbauen, das konnte man nur mit der Hilfe des Vaters. Und der hatte fast genau so einen Spaß daran, wie sein Sohn. Da musste man sich schon auskennen, vor allem mit den elektrischen Sachen. Merkwürdig war nur, dass alles nicht mehr so spannend war, wenn die Anlage fertig aufgebaut war und die Züge immer rund und hin und her fuhren. Zwar war es noch aufregend, sie in Bahnhöfen halten und wieder abfahren zu lassen. Aber das wiederholte sich. Der Vater verlor allmählich die Lust, aber beim Sohn entfaltete sich nun erst die Fantasie. Leute ein- und aussteigen lassen, rangieren, Weichen und Signale stellen, Zugunglück!!!

„Draußen ist Platz," sagte die Mutter, wenn es ihr in der engen Wohnung zu „bunt" wurde, und es folgten ein paar Verbote und Hinweise auf Plätze, zu denen man nicht durfte. Das wusste man zwar, aber man wusste auch, warum die Mutter es immer wieder sagte. Tatsächlich mussten die Kinder der 50er Jahre auf vieles verzichten, aber nicht auf Platz im Freien. Das galt selbst für die Stadtkinder. Auf den Straßen war nur schwacher Verkehr, die noch vorhandenen Trümmergrundstücke zumindest provisorisch abgesichert, es gab viele öffentliche Plätze, große und kleine, und es gab wenig Verbote. Die ersten öffentlichen Spielpätze standen bereit, mit z.T. mörderischen Geräten zwar, aber immerhin, und sogar zwischen den neuen Wohnblocks in den Vorstädten gab es freie Flächen zum Spielen. Dass gerade in den städtischen Zentren bereits damals die Luft verpestet war, und das nicht nur durch Autoabgase, sondern oft auch durch die der Industrie, hatte zwar später Folgen für die gesundheitliche Stabilität der Kinder jener Zeit, aber es hinderte sie nicht, die öffentlichen freien Plätze in Beschlag zu nehmen.

Erst der sich rasch entwickelnde Autoverkehr, der Bauboom und die damit verbundenen Veränderungen der innerörtlichen Infrastruktur vertrieb die Kinder von den öffentlichen Plätzen. Wenig später wurden sie auch von den Grünflächen zwischen den Wohnblocks verjagt. Ihre Spielräume wurden immer enger.

Übrigens: Jugendliche der 50er Jahre, die bereits am Beginn des vorangegangenen Jahrzehnts geboren und aufgewachsen waren, verfügten über vielfältige Erfahrungen z.B. des Organisierens, des Handelns und in praktischen Arbeiten. Oft waren sie darin sogar den Müttern voraus. Kriegs- und Nachkriegszeit, der Tod oder die Gefangenschaft der Väter hatten ihnen schon früh viel abverlangt.

Das triste Grau der Hinterhöfe nahmen die Kinder kaum wahr. Hier konnten sie nichts mehr kaputtmachen, hier war schon alles heruntergekommen. Ihre Welt schufen sie sich im Spiel, in ihren Fantasien. Mit einfachen Mitteln gestalteten sie ihre eigenen Szenen. Pappkartons wurden zu Kaufläden, ein paar Stricke an der Teppichstange zur Schaukel, ein Brett und eine leere Tonne zur Wippe.

▶▼Noch wohnten Menschen notdürftig in Trümmerwohnungen, umgeben von Ruinen und Schutt. Für Kinder wurde aber gerade dieses Umfeld zu Abenteuerspielplätzen. Hier wurde Verstecken gespielt, mit Steinen kleine Hütten gebaut und fette Ratten gejagt. Und in diesem Milieu keimte nicht selten auch die Kinderkriminalität. Vom Schwarzhandel bis zu kleinen Geschäften mit windigen Erwachsenen, Typen, die irgendwo herkamen und wieder verschwanden. Aber die cleveren Kinder versorgten auch auf diese Weise ihre Familien. Die oft riesigen Trümmerfelder wurden zu ihrem Revier. Dort, wo sich niemand hin traute, kannten sie sich aus. Für nicht wenige begann hier eine kriminelle Karriere. Und die Eltern waren entsetzt und meist machtlos.

◄ ▼ Auf der Straße spielten sie mit „Klickern“ oder „Murmeln“ oder sprangen mit dem Seil, und wenn sich eines der wenigen Autos näherte, machten sie kurz Platz. Öffentlich spielen, vor den Augen der Passanten, machte nicht nur Spaß, sondern man konnte auch vorführen, wie geschickt man war. Und man konnte gelegentlich auch einmal jemanden ärgern.

◄ ► Plötzlich war es da, das „Jo-Jo“-Spiel aus Amerika. Alle hatten sie, die kleine Rolle, die am Faden auf- und abrollte. Wo immer sich zwei fanden, kam es zum Wettstreit. Manche schafften es mit allerlei Tricks, immer neue Varianten zu erfinden. Und amerikanische „Jo-Jo-Meister“ führten es in den Kaufhäusern vor, wo es zum Verkauf angeboten wurde. Das „Jo-Jo“-Spiel gehört zu den ersten Modewellen, die das Land überfluteten, so, wie später der Hula-Hoop-Reifen, einem Produkt aus Plastik, mit dem sogar die Erwachsenen ihren Spaß hatten.

▲ In einigen öffentlichen Parkanlagen hatten die Gemeinden „Kritzeltafeln" aufgestellt, die auch schnell von Kindern angenommen und bekritzelt wurden. Ein Vandalismus, wie wir ihn heute kennen, hielt sich in Grenzen. Die Menschen waren froh über diese Angebote, die es ihren Kindern ermöglichte, sich kreativ auszutoben. Und die malten dann auch schöne ordentliche Motive auf die feinen Tafeln.

▲ Mickey-Maus, Donald Duck, Felix, der Kater, Fix und Foxi, das waren sie, die Comics aus Amerika, und natürlich die Wild-West-Romane – für einen Groschen aus zweiter Hand. Und dann die Abenteuer-Comics wie Tarzan und Phantom, Rip Corby und viele andere. „Schund", sagten die Eltern und Lehrer. Und genau das war der Anreiz, sie massenhaft zu lesen, zu horten und zu tauschen. Goethe hatte keine Chance mehr, es sei denn als Comicfigur. Aber schon der bloße – aus heutiger Sicht gar nicht so abwegige – Gedanke daran wäre als Majestätsbeleidigung angeprangert worden.

◀ Irgend etwas fanden sie immer. Ein Rest Speis vom Maurer, Sand, Schlamm, Farbe, was es auch gewesen sein mag, es wurde umgeschüttet, verarbeitet und fand Verwendung beim Bau von Dämmen am Bach, von Brücken über eine Regenwasserpfütze oder auch nur als Vorrat für unabsehbare Fälle in der Zukunft. Das konnte man natürlich nicht in der Wohnung machen. Aber es zeigte die Kreativität der Kinder.

▶ Plötzlich waren die Indianer da. Erst zum Kinderkarneval und dann im Sommer. Und sie blieben bis heute! Die Indianer, in unzähligen Heftchen und Filmen immer wieder in spannenden Geschichten verwickelt, faszinierten schon immer Kinder.

◀ Wasser, wo immer sie es vorfanden, übte eine besondere Anziehungskraft aus. Papierschiffe wurden auf ihre Flußtauglichkeit zunächst in der Regenpfütze getestet. Findige Väter bauten aus einfachen, zur Schiffsform zurechtgesägten Holzbrettern Schiffe mit Aufbauten aus Stabilbaukästen und mit Segeln. Sie wurden in Teiche und Flüsse gesetzt, und für nachts hatten sie sogar eine mit einer Taschenlampenbatterie betriebene Bordbeleuchtung. Alles selber gemacht.

▶ Etwa zwei Stunden musste die mit Wasser gefüllte Zinkwanne in der heißen Sommer-Sonne stehen. Dann konnten sie hinein – möglichst alle auf einmal, sonst gab es Zank. Hier scheint die Ältere überhaupt nicht damit einverstanden zu sein, dass sich außer ihr noch zwei im Wasser tummeln dürfen.

◀ Wer in einer „Badeanstalt" schwimmen lernen konnte, war besonders privilegiert. Meistens hatten nur Großstädte solche. Den anderen blieben Bäche und Flüsse, die allerdings noch sauber waren. Zumindest ging man davon aus! Aber auch hier gab es Badeanstalten. Sie bestanden aus Umkleidekabinen und einem einfachen Brett an der tiefsten Stelle. Zum Springen! Das war bis zum Ende des Jahrzehnts so. Dann ging es los: Unzählige Gemeinden bauten Schwimmbäder, so hießen die Badeanstalten jetzt. Das war moderner!

▶ Kinder fanden in den Flüssen immer eine Stelle zum Baden und Schwimmen. Die Gewässer, wie hier auf dem Foto die Weser, waren noch nicht durch Industrieabwässer verunreinigt, jedenfalls hat es zu jener Zeit niemand nachgeprüft. Und schon wenige Jahre später musste das Baden verboten werden. Wieder ein öffentlicher Platz für Kinder weniger.

Der kleine „Pilot" scheint vor der Abfahrt einen Sicherheitscheck seines Schlittens vorzunehmen. Der umgedrehte Holzschemel muss gut befestigt und die Sitzfläche gepolstert sein. Die Menschen waren erfinderisch, und es ging auch. Wahrscheinlich ist der Kleine irgendwo gut angekommen.

▲ ▼Eisstadien für alle gab es noch nicht. Es waren die Teiche, die Seen, und im Januar – nach dem Hochwasser – die überfluteten Wiesen, auf denen mit Schlittschuhen gelaufen wurde. Aber auch die Flüsse und breiteren Bäche froren im Winter regelmäßig zu. Darauf konnte man sich bis weit in die 50er Jahre hinein verlassen. Es war eine große Zeit für Kinder. Eishockeyturniere mit Weiden und Haselnussstöcken wurden ausgetragen, als Puck diente eine Milchdose von „Bärenmarke". Es gab Eislauflehrgänge auf dem See oder dem Fluss, und immer häufiger traten vor allem Kinder und Jugendliche mit eleganten Eistanzfiguren auf. Vielleicht hier und da der Beginn so mancher späteren Eislaufkarriere. Auf zugefrorenen Flüssen und Bächen konnte man kilometerweit Wettkämpfe im Eisschnelllaufen austragen. Ebenso verläßlich wie das Eis war der Schnee, auf den vor allem die Kinder warteten, um Skilaufen oder Schlittenfahren zu können.

Zu einer der ersten Erfahrungen im Leben gehört, dass gefahren zu werden bequemer ist als laufen zu müssen. Nicht lange Zeit später kommt die Erkenntnis hinzu, dass Fahren einen schneller voranbringt als Gehen oder Laufen. Und danach kommt das absolute Erlebnis, dass selber fahren das Nonplusultra ist. Deshalb gewinnen Rolle und Rad zunehmend an Bedeutung im Leben des Kindes. Hinzu kommt, dass Rolle und Rad geeignet sind, schwere Gegenstände müheloser zu transportieren, als sie zu tragen. Noch ein absoluter Pluspunkt.
Außer dem Kinderwagen, in dem man passiv liegt oder sitzt und keinen Einfluss auf Richtung und Geschwindigkeit hat, werden alle anderen Fahrzeuge zum begehrten Objekt. Das Dreirad, der Roller, die Rollschuhe, das Fahrrad und schließlich – das Auto, ermöglichen ein hohes Maß an Selbstbestimmung über Tempo und Ziel.
Insofern gehören dem Alter der Kinder und deren Möglichkeiten entsprechende Fahrzeuge von Anfang an zum Leben, zumindest der Wunsch und die Sehnsucht danach.
Und also gibt es sie, diese Fahrzeuge. Und wenn sie zu teuer sind, nicht gekauft werden können, basteln Väter und Kinder so lange, bis ein Gefährt herauskommt. Das ist im Prinzip heute nicht anders als in den 50er Jahren. Nur damals war es schwieriger.

▲Noch scheinen sie ihre „Sportwagen", wie die offenen Kinderwagen genannt wurden, nicht hergeben zu wollen. Immerhin sahen sie elegant aus und konnten im Notfall, etwa bei Müdigkeit oder Faulheit, sofort wieder bestiegen werden – falls es jemanden in der Nähe gab, der schob.

◀Kaum selbst dem Kinderwagen entwachsen, schieben sie schon ihr eigenes oder ein ähnliches Gefährt, in dem nun ihre Puppen liegen. Die Tradition wurde in den 50ern noch kritiklos fortgesetzt: Mädchen spielen mit ihren Puppen, so wie die Mutter mit ihnen umgegangen ist.

▶ Mühsame Eintracht für das Foto. Nach dem Klick wurde höchstwahrscheinlich sofort wieder darüber gestritten, wer am Lenkrad sitzen und fahren darf. Ein typisches Foto: Nur der Fahrer lächelt glücklich. Aber, es gab nur ein Dreirad, und dieses hier könnte sogar vom Großvater aus Materialresten selbst zusammengebaut gewesen sein.

◀ Solche formschönen Spielzeugautos, die nach dem Fahrradprinzip mit Pedal und Kette in Bewegung gesetzt werden konnten, waren sehr teuer und deshalb äußerst selten. Schon die Autowerbung in den 20er Jahren zeigte solche, allerdings große Sportwagen in Verbindung mit eleganten Frauen in der damals typischen Mode. Zumindest die Baskenmütze des kleinen Mädchens am Steuer erinnert an diesen Schick.

▶ Klein Rolf-Jürgen im Teppichrenner mit Häubchen und Sturmbrille vor Wohnzimmerdesign aus den späten 30er Jahren. Vater und Großvater haben es ihm gebaut – zum Üben für später.

◄▼Die meisten Kinder mussten sich mit Rollern begnügen. Es gab sie in allen Ausführungen, vom einfachen, recht mühsam zu bewegenden Holzroller mit großen oder kleinen Holz- oder Bakeliträdern, bis hin zum komfortablen und schnellen Tretroller. Deshalb mussten bei „Roller-Rennen“ die Fahrzeuge in Leistungsklassen eingeteilt werden. Der Gerechtigkeit wegen. Roller-Rennen waren die Motorradrennen der Kleinen. Und Motorradrennen waren in den 50ern eine besonders populäre Sportart. In der Saison verfolgte man am Radio die immer wieder spannenden Duelle zwischen den Rennfahrern Heiner Fleischmann auf NSU und Schorsch Meier auf BMW auf den Rennpisten Nürburgring, Hockenheimring und Schottenring.

▲Die ersten Rollschuhbahnen wurden gebaut. Und schon waren sie in Besitz genommen. Und zwar von Jung und Alt. Auch Vater und Mutter konnten noch Rollschuhlaufen, und die jungen Eisläuferinnnen aus der Winterzeit, komplettierten ihre Künste nun auf dem Beton. Aber auch auf der Straße war noch Platz, sogar für Spiele.

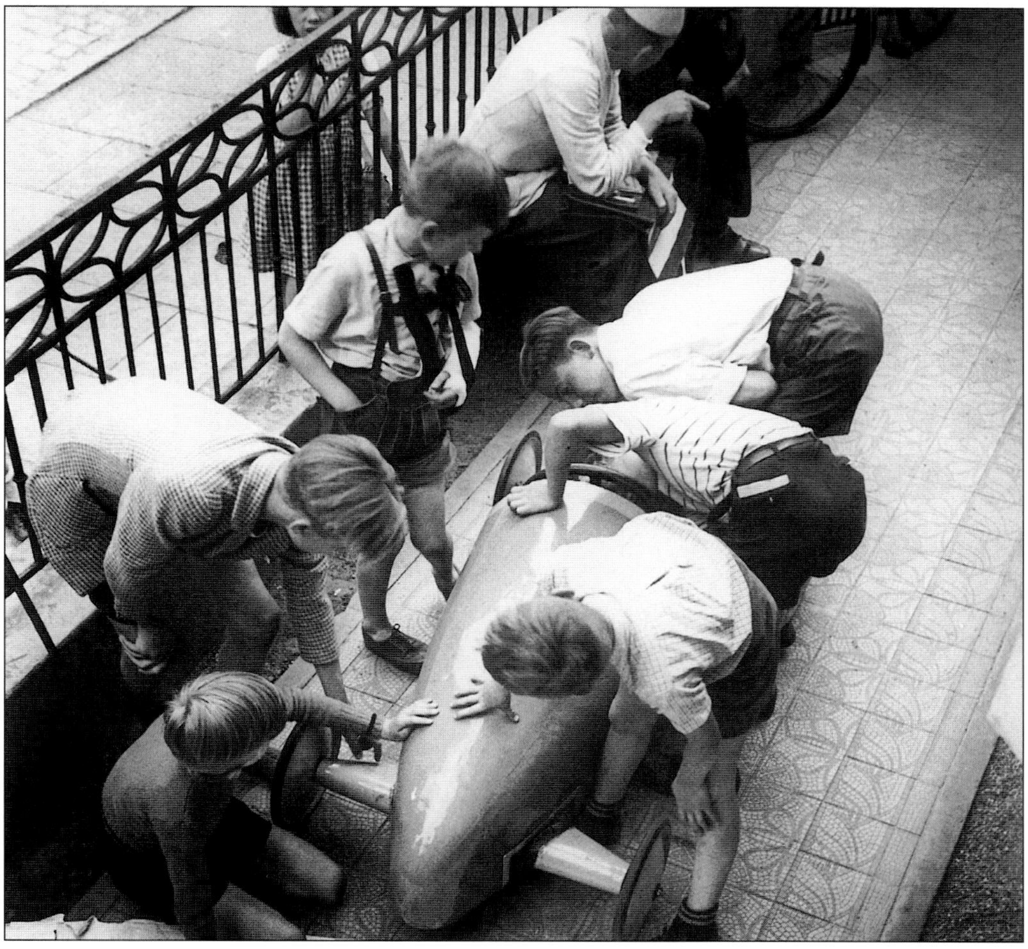

◀Noch lange vor der Motorisierungswelle, die erst in der 2. Hälfte der 50er Jahre einsetzte, fanden auf Initiative der amerikanischen Besatzungsmacht und der deutschen Autofirma Opel „Seifenkistlrennen" statt. Die „Soap box derbies" kamen aus den USA, und es gab bereits 1949/50 Weltmeisterschaften, die auch dort ausgetragen wurden. Erstmals sollten sich auch deutsche „Fahrer" beteiligen können. Es gab Anleitungen für den Bau, die die Jungens bei den Amerika-Häusern und bei Opel-Autohändlern abholen konnten. Es gab aber auch Auflagen. Die wichtigsten waren: Achs-Lenkung, Zugbremse, keine Hilfe von Erwachsenen beim Bau der Seifenkiste, und die Verwendung der für alle vorgeschriebenen Räder aus gepresstem Material. Die Räder konnte man für fünf Mark ebenfalls im Amerika-Haus oder bei Opel kaufen. Und dann ging's los. In den Wohnungen, Kellern, Höfen – und Werkstätten wurde gebaut, natürlich mit ebenso tatkräftiger wie eigentlich unerlaubter Unterstützung der Väter, Großväter und Onkels.

▲▼ Nachts, bei Dunkelheit, fanden die Testfahrten statt, damit die Konkurrenten die eigenen Rennwagen nicht sehen konnten. Karosserien der Rennwagen bekannter Fahrer wurden nachempfunden, kurz: Am Start standen perfekte Rennwagen der Formel II. Und manchmal auch ein einfaches, armseliges Gefährt, das nicht einmal eine komplette Karosserie hatte, sondern nur einen Pappkarton als „Kühler". Aber es fuhr trotzdem, und nicht selten schied es erst im Halbfinale aus. Seifenkistl-Rennen waren Männersache, nur ganz wenige Mädchen beteiligten sich daran. Und selbstverständlich hatten diese Veranstaltungen auch die Funktion, die Jugend für das Auto zu begeistern, das man ihnen dann ein Paar Jahre später verkaufen wollte.

Das Kasperle und seine gesamten Gesellen waren Holzköppe. Ihre Gesichter waren freundlich und lustig oder böse und bedrohlich. Und das blieben sie immer, denn sie waren nicht im Stande, auch nur eine Miene zu verziehen. Für das Kind war es deshalb einfach, sich zu entscheiden, und die Erwachsenen gingen selbstverständlich davon aus, dass sich jedes Kind für das Gute entscheide. Ob das stimmte, stellte sich meist erst Jahrzehnte später heraus.
Das einfache Schema blieb Prinzip vor allem der gesamten Theater- und Filmwelt, die den Kindern zugänglich war. Nach langen, oft aussichtslos erscheinenden Kämpfen siegte letztlich doch das Gute. Und das verkörperte das Kasperle ebenso wie Burt Lancaster in dem Film „Rächer der Unterwelt" oder später James Bond. So, wie der Kasper, der Rächer, der Agent, wollte man sein, alles können – und dürfen – was die auch können und dürfen. Aber das ging halt nicht, noch nicht. Man war noch zu jung und zu klein, und niemand hörte auf einen. Also warten bis später, wenn man groß ist, dann kann man immer noch Rächer oder Agent werden, Kasperle nicht, den liebte man zwar sehr, aber der hatte ja einen Holzkopf.
Kindertheater und Kino wurden zum „Freizeitspaß". Jeden Sonntag ins Kino, für 90 Pfennige Parkett, für eine Mark zehn Sperrsitz. Und dann Western oder ein Heimatfilm mit dem schönen und anständigen Rudolf Prack, den auch die Mutter mochte. Auch amerikanische Kriegsfilme, deutsche Nachkriegsfilme mit Hildegard Knef und Karl John, dann „Ami"-Krimis mit Humphrey Bogard oder Monumentalfilme mit Liz Taylor, neue deutsche Edgar-Wallace-Filme oder der Film „08/15" mit Joachim Fuchsberger usw. waren Spitze und Gesprächsstoff. Dazu die „Fox tönende Wochenschau" mit Filmberichten von wichtigen politischen Ereignissen, die in der Regel vor sechs Wochen stattgefunden hatten. Danach der kurze „Kulturfilm" über irgendein allgemeinbildendes Thema. Und Werbung im Kino konnte sich niemand vorstellen. Aber nicht alle Filme waren „jugendfrei", also nicht frei von Jugend, sondern frei für Jugend! Die „Freiwillige Film-Selbstkontrolle" unterschied in Filme, die ab 12, ab 16 und ab 18 Jahre zugelassen waren.
Im Übrigen waren die 50er Jahre von einer extremen Prüderie geprägt. Nur eine einzige Filmsequenz, in der eine Schauspielerin in Dessous zu sehen war, wurde nur für über 18-Jährige zugelassen. Gegen den Film „Die Sünderin", in dem Hildegard Knef von weitem nackt zu sehen war, lief die Republik Sturm und er konnte vielerorts nicht gezeigt werden.
Das unschuldige Kasperle hatte den Medienkonsum eingeläutet, und allmählich verschwand es dann selber für lange Zeit und wurde nur noch für Kleinstkinder im Wohnzimmer gebraucht.

Puppentheater zogen noch lange Jahre durch die Städte. Sie spielten auf Straßen, in Kindergärten und Schulen. Das liebe und gute Kasperle konnte durchaus handgreiflich werden, wenn es sich gegen den Räuber wehren musste. Und die Kleinen gingen mit ihm durch Dick und Dünn. Um den heutigen Kindern gerecht zu werden: Das ist, trotz Comic, Fernsehen und Film, auch heute noch so!

Klug und sinnvoll war es, den beliebten Kasper zur Verkehrserziehung einzusetzen. Niemand hatte einen so großen Einfluss wie er, der mit seiner Pfiffigkeit alle gefährlichen Situationen überstand. Und wenn er gar selber noch der Polizist war, dann hatte er auch die Staatsgewalt und war eine Amtsperson. Und vor denen hatten nicht nur die Kinder, sondern auch die Erwachsenen in den 50ern noch großen Respekt.

▲▶ Als die Verfilmung von Erich Kästners Kinderbuch „Das doppelte Lottchen“ uraufgeführt wurde, hatte man Zwillinge aus der ganzen Republik eingeladen. Aber für gestandene Männer war und blieb der „Rächer der Unterwelt“ attraktiver.

▲Die ersten Freizeitparks waren entstanden. Mit besonderen Attraktionen für Kinder. Bungie-Springen war noch unvorstellbar. Aber es gab schon Geräte für Mutproben. Gefährlich war es nicht mit diesen Rollen am Seil zu gleiten, denn, wer loslies, fiel ins Netz. Aber die Eltern, vor allem die Väter, waren noch stolzer als die Kinder selber, wenn sie es geschafft hatten.

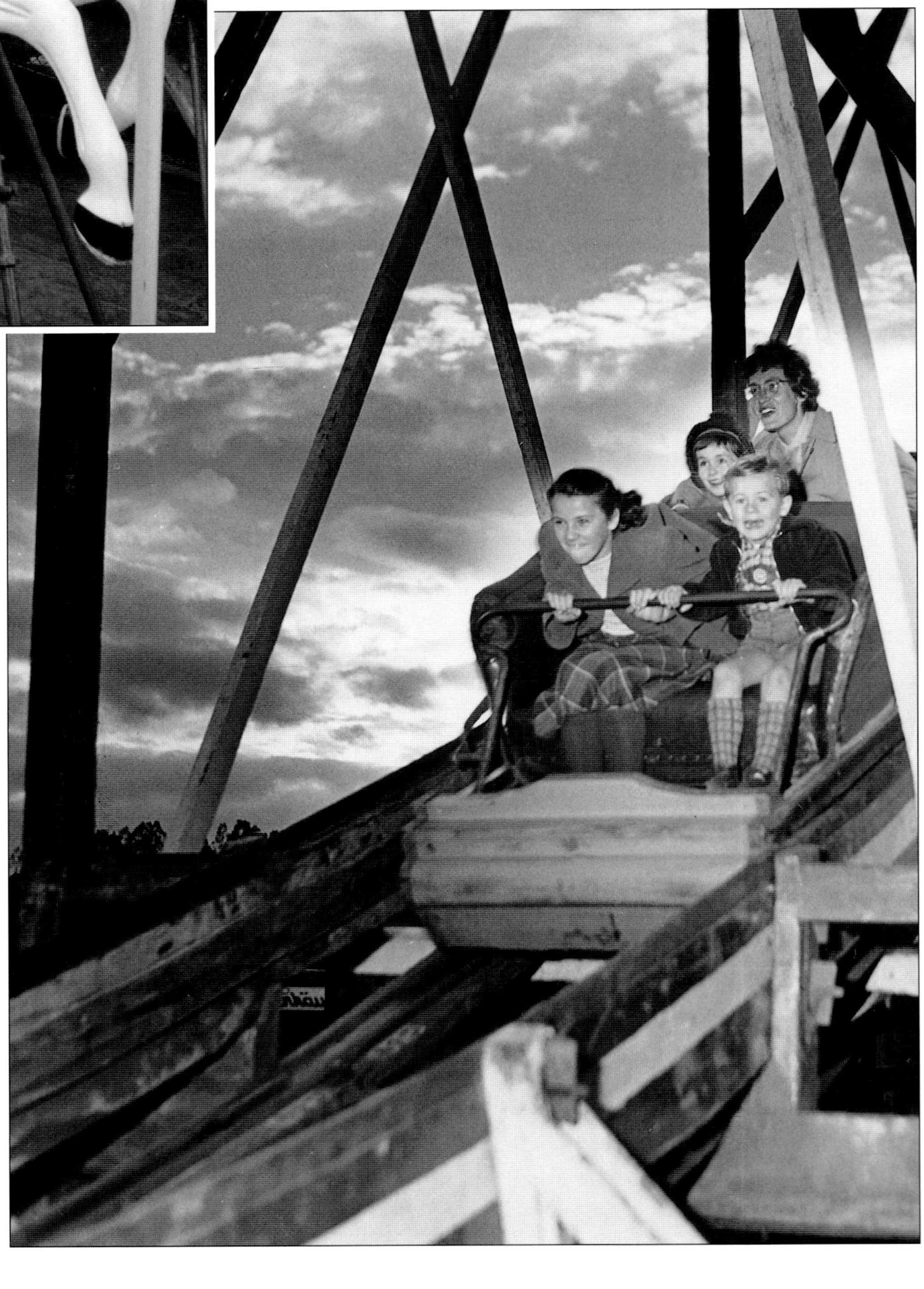

▲ ▶Kirmes oder Volksfest. Was man da alles sehen, machen und erleben konnte, war einmalig. Schon der Aufbau der Karussels, Schiffschaukeln, Achterbahnen und unzähligen Buden war spannend. Manchmal durften die Jungens nach der Schule sogar mit Handreichungen helfen, bekamen eine Freifahrt dafür oder eine Zuckerwatte. Kein Wort bei den Eltern!!!
Nachher, als alles irgendwie rund lief, zeigten sich die unterschiedlichen Charaktere. Die einen blieben skeptisch gegenüber den zu erwartenden Bewegungen des Kirmesgauls, die anderen genossen den Kick der Achterbahn furchtlos und voller Erwartungen.

Während des Krieges, der erst vor fünf oder sechs Jahren zu Ende gegangen war und der entbehrungsreichen Zeiten, mussten die großen Jahresfeste, wie Ostern, Pfingsten und Weihnachten in den meisten Familien ohne die Väter, Großväter und älteren Brüder begangen werden. Der eigentliche Sinn der Feste war mit der Nazi-Ideologie verknüpft worden, und neben so manchem Weihnachtsbaum prankte eine Hakenkreuzfahne. Aber auch Gebete in Kirchen schlossen die Bitte um den Sieg des „Führers" und die baldige gesunde und wohlbehaltene Rückkehr der Männer ein. Kein Wunder, dass die Menschen noch in den 50er Jahren verunsichert waren im Umgang mit Festen. Doch der sich abzeichnende und in der Mitte des Jahrzehnts verstärkt einsetzende Wirtschaftsaufschwung lenkte die Aufmerksamkeit auf die neuen Möglichkeiten des Konsums. Und das mit voller Wucht. Was vor und unmittelbar nach dem Krieg undenkbar war, wurde schnell zur Gewohnheit: Schon lange vor Weihnachten leuchteten Weihnachtsbäume in Schaufenstern und auf öffentlichen Plätzen. Der Nikolaus, oder Weihnachtsmann, je nach Auslegung, lief tausendfach vervielfältigt auf den Straßen und vor den Eingängen der Kaufhäuser herum und lockte die Kinder in die Läden. Und dort standen die Geschenke, zum Aussuchen und zum Wünschen. Zu Ostern gab es allerdings nur Eier und ein Paar Süßigkeiten. So verbanden sich schnell die Erwartungen an die großen Feste mit den Erwartungen an die großen Geschenke. Die Inhalte, die Besinnlichkeit und die Beschaulichkeit gingen schnell verloren. Nur die Inszenierung blieb: Die Geschenke wurden sorgfältig und in schönen Verpackungen unter dem häuslichen Weihnachtsbaum präsentiert, und die Kinder konnten es – die Päckchen fest im Blick – nicht verhindern, vorher noch ein Weihnachtslied singen zu müssen. Und vielleicht blieb der „holde Knabe in lockigem Haar" in ihrer Seele haften, und vielleicht haben die Lichter des Baums ihnen einen Blick in die mystische Welt der Wunder erlaubt. Feste und Festlichkeit, verbunden mit innerer Einkehr, Ruhe und echter Freude, waren schon lange verloren gegangen. Jetzt galt es nachzuholen, auf was man so lange verzichten musste: Gut essen und trinken, viele Geschenke machen und entgegennehmen. Und trotzdem blieb ein zwiespältiges Gefühl. An den „hohen" Feiertagen waren die Kirchen voll. Eine Sehnsucht nach Innerlichkeit war geblieben.

Pünktlich kam er am 5. oder 6. Dezember, oft begleitet von Knecht Ruprecht, hatte eine Rute und einen Sack voller Äpfel, Nüsse und Plätzchen und vielleicht hier und da auch mal einem kleinen Spielzeug. Mit der Rute gab's auf den Po, wenn das Sündenregister allzu groß war. Aber immer gab's auch die Sachen aus dem Sack. Der Nikolaus war der große Ersatz-Pädagoge, nicht selten sogar der verkleidete Vater selbst. Angst und Freude mischten sich bei den Kindern, wenn der Nikolaus kam. Aber nun sind sie ihm schon tausendfach auf der Straße begegnet, und wer soll das sein, der da zu Hause an der Tür steht und völlig anders angezogen ist als der Straßennikolaus?

◄▼Typisches Weihnachtsgeschenk war für das Mädchen die Puppenstube, für den Jungen der Stabilbaukasten. So war schon früh geklärt, wer welche Karriere machen sollte: Hausfrau und Ingenieur. Dabei war eine Puppenstube, zu der auch eine Küche gehörte, durchaus nicht uninteressant für Jungen. Aber die Mädchen verteidigten ihre Domäne.

▲Die Erwachsenen taten alles, um den Kindern gründlich den Spaß zu verderben. So ein Monstrum soll der Osterhase sein! Dabei hatten die Kinder doch schon Hasen gesehen, Stallhasen und Feldhasen, zumindest in Büchern und in dem schönen Buch „Die Häschenschule“. Sie hatten doch längst ihr Fantasiebild vom Osterhasen. Und jetzt das!

▲ Immer wieder und überall tauchte der Eisbär auf. Vor allem bei Kinder-Geburtstags-Festen wurde er engagiert. Eine bestimmte kulturelle Bedeutung hatte er nicht, und er stand auch nicht als Symbol für irgend etwas. Aber er sah halt schön echt aus, und er jagte den Kindern wenigstens zunächst einmal Angst ein. Wahrscheinlich war er auch so eine Art Ersatz-Pädagoge.

▲▶ Feierlichkeit bei der Fronleichnamsprozession. Die schönsten Sommerkleider angezogen und durch die Straßen und Felder gegangen, das war bestimmt ein feierliches Gefühl. Und alle schauten zu. Und damit der Organist in der Kirche feierliche Lieder zum Mitsingen der Gemeinde spielen konnte, brauchte seine Orgel viel Luft. Die lieferte der Blasebalg, der ständig getreten werden musste. Zwei Holzbalken oder -bretter mussten in Bewegung gehalten werden. Wer fahrlässig oder gar absichtlich das Treten vergaß, wurde sofort nach dem Gottesdienst von Pfarrer und Organist als ordentlich bestallter Blasebalgtreter fristlos entlassen und verlor damit seinen sonntäglichen Arbeitsplatz und sonst nichts. Denn Geld gab's dafür nicht!

Erst hatten die Leute das Fahrrad, und die Kinder hatten es auch und konnten auch sehr geschickt damit umgehen. Dann kamen Motorrad und Motorroller und schließlich das Auto. Und die Kinder blieben auf dem Fahrrad sitzen. Abgehängt. Keinen Führerschein! Zu jung! Dabei waren sie fest davon überzeugt, dass auch sie diese Fahrzeuge beherrschen würden, wenn man sie nur ließe. Aber die Alten ließen sie nicht. Und je länger sie auf Führerschein und Fahrzeug warten mussten, um so größer wurde ihre Sehnsucht danach. Was man tun konnte in der Zwischenzeit, war, alle Automarken und Autokennzeichen auswendig lernen, lernen, wie ein Motor funktioniert, einigermaßen wenigstens. Und so oft wie möglich mitfahren, mit wem und welchem Gefährt auch immer. Mit Spielzeug-Autos spielen, das half ein wenig.

▲ Wenn jetzt einer den Zündschlüssel hätte, wären sie schon unterwegs. Wahrscheinlich wüssten sie auch, wohin. Aber ....

◀ Das war auch in den 50ern schon verboten. Aber vielleicht war man da noch nicht so gesetzestreu. Jedenfalls ist es dem Kleinen offenbar egal. Seinen Platz hält er für den eigentlichen Pilotenplatz, und um alles andere soll sich der Vater kümmern.

▶ Ein Borgward-Goliath. Edel. Ein neuer Autotyp wurde von Kindern und Jugendlichen genauso fachmännisch begutachtet, wie von Erwachsenen. Und das Erscheinen neuer Autos war in den 50ern noch eine wirkliche Sensation, denn es deutete darauf hin, dass es immer weiter aufwärts geht.

▲ Autowaschen. Eine neue Samstagsbeschäftigung für die ganze Familie. Der neue VW-Käfer musste glänzen und sauber sein wie die Wohnung. Und so ist zu hoffen, dass die Kleine hier diese Arbeit auf freiwilliger Basis übernommen hat.

▲ Eine BMW-Isetta war toll. Sogar während der Fahrt konnte man oben herausschauen. Sie fuhr auf einem Drei-Punkt-System und wurde deshalb auch „Schlaglochsuchgerät“ genannt. Versuchte man nämlich mit den vorderen Rädern auszuweichen, saß man mit dem Hinterrad mit Sicherheit im Schlagloch. Und davon gab es in den 50er Jahren noch viele auf den alten Landstraßen.

Nichts hat die 50er Jahre so geprägt, wie der Drang nach der Ferne. Die Produktion von Fahrzeugen aller Art wurde neben der Bauwirtschaft zum wichtigsten Impuls für Aufschwung und Vollbeschäftigung. In Kriegs- und Nachkriegszeit war an Reisen nicht zu denken. Schon gar nicht ins Ausland. Die meisten hatten noch Fahrräder, stark lädiert, weil es lange Zeit keine Ersatzteile gegeben hatte, nicht einmal Schläuche und Decken. Andere hatten noch Motorräder aus der Vorkriegszeit, im Schuppen unter Heu oder Gerümpel versteckt, damit es nicht für das Militär beschlagnahmt werden konnte. Sogar alte Autos kamen zum Vorschein. Aber es gab kein Benzin und wenn, dann war es rationiert. Erst nach der Währungsreform 1948 wurde es besser. Es gab zwar noch nicht alles, aber man konnte allmählich sein Gefährt wieder flott machen. Aber noch immer lebten viele Menschen, vor allem in den Großstädten zwischen den enormen Trümmerbergen, die der Krieg hinterlassen hatte. Trostlos und grau waren Umfeld und Alltag. Man wollte einfach raus, und träumte von der Ferne. Rudi Schurike sang „Wenn bei Capri die rote Sonne im Meer versinkt ...“ und richtete damit die Sehnsucht nach Süden, nach Sonne und Meer in einem damals noch als unerreichbar scheinenden Land, Italien. Schon früh begannen die Ausbruchsversuche. Zuerst an Wochenenden, wobei man berücksichtigen muss, dass noch 48 Stunden an sechs Wochentagen gearbeitet wurde, also frei erst ab Samstagnachmittag war. Mit den Motorrädern, Motorrollern und Autos, aber auch mit Bahn und Bussen begann ab 1950 ein riesiger Reiseboom. Für Kinder und Jugendliche brach eine Zeit an, die ihre Eltern als Kinder nicht haben erleben können. Sie gingen mit auf weite Reisen und lernten früh schon die Welt kennen. Jugendliche fuhren in den großen Sommerferien mit ihren Fahrrädern quer durch ganz Europa. Zu Ferienbeginn bildeten sich auf den großen Durchgangsstraßen, vor allem in Nord-Süd-Richtung, unendlich lange Kolonnen aus Radfahrern, Einzelnen, Gruppen und Cliquen und alle fanden sich in den überfüllten Jugendherbergen, auf Bauernhöfen, in den spontanen Zelt-Camps am Straßenrand oder an den Flussufern wieder. Auf den Strecken waren unzählige Kioske zur Versorgung und improvisierte Fahrradwerkstätten entstanden. Gleichzeitig fuhren nahezu ebenso viele Motorräder, mit und ohne Seitenwagen, Motorroller und die ersten „Plastikbomber“, die Lloyds, in dieselbe Richtung. Alles war noch relativ unreglementiert. Man zeltete, wo man wollte, übernachtete im Stroh oder Heu in Scheunen und auf den harten „Notbetten“ der Jugendherberge. Das Reisen wurde zur Selbstverständlichkeit. Und hatte man sich noch mit dem Fahrrad jeden Meter über Tage hinweg mühevoll erkämpfen müssen, so konnte man später mit dem Auto mühelos dieselbe Strecke in einem Bruchteil der Zeit bewältigen. Das Reisen erhielt eine neue Dimension, und das alles in einem Jahrzehnt.

▲ ▶ Von zu Hause losstrampeln, im wahrsten Sinne des Wortes. Meter für Meter. Selbstständig werden, selbst entscheiden, Geld einteilen, sich sauber halten, Fahrrad fahrbereit halten und Reifen flicken können und vor allem, sich kameradschaftlich benehmen. Das war die Herausforderung, wenn es am Beginn der Ferien für einige Tage oder für länger auf Tour ging.

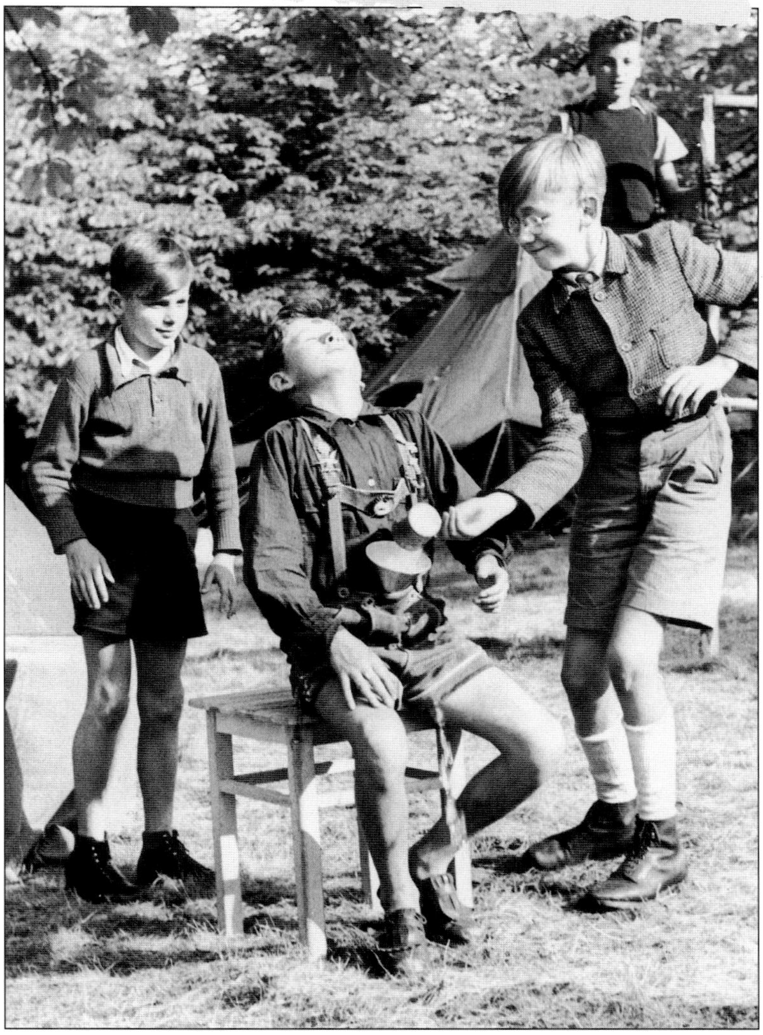

Sommerferien im Zeltlager oder Ferienheim. Wichtig war, raus aus den beengten Wohnverhältnissen zu Hause. Für die Eltern bedeutete das, endlich mal Ruhe, etwas mehr Platz, vielleicht selber mal einen kurzen Trip an den See, mal ausspannen. Und für die Kinder bedeutete es, einmal weiter wegzukommen, mal nicht dauernd den Eltern ausgeliefert zu sein, andere Kinder und Jugendliche aus anderen Städten und Gegenden kennen zu lernen. Obwohl sie nicht selten feststellen mussten, dass das „Gemeinschaftsleben" nicht immer das große Vergnügen war. Da gab's auch üble Typen, strenge Leiterinnen und Leiter, unangenehme Arbeiten und nicht immer das Essen, was man gerne zu sich nimmt. Aber alles in allem verschaffte es doch neue Erlebnisse. Man lernte neue Spielchen kennen, hatte oft einen Riesenspaß, machte Ausflüge, spielte Fußball oder etwas anderes. Und wenn es nach Hause ging, freute man sich auch, wieder zur Familie zurückzukehren. Solche Ferienaufenthalte für Kinder und Jugendliche wurden von den Jugendpflegern der Gemeinde, den Jugendverbänden und den Kirchen organisiert und aus öffentlichen Mitteln hoch gefördert. Inhaltlich waren sie aber noch weitgehend an der alten bündischen Jugendbewegung orientiert. Pünktlichkeit, Ordnung, Sauberkeit. Alles hatte seinen Stellenwert und seine Zeit. Frühsport, Frühstück, Wandern, Küchendienst, Essen, Ruhen, Sport und Spiel, Abendessen, Küchendienst, Lagerfeuer, Singen, Nachtruhe!!! Dazu: Spülen, Abtrocknen, Betten machen, Zelte reinigen, Platz aufräumen. Gleichzeitig: „Musisches Tun": basteln, singen musizieren, Feste organisieren. Bei Fehlverhalten, Zuwiderhandlung und Widerspenstigkeit: Strafe. Die Autorität der Gruppenleiterinnen und Gruppenleiter war unantastbar und durfte nicht in Frage gestellt werden. Machte auch keiner, war ja zu jener Zeit auch sonst nirgendwo üblich. Auch diese Erfahrungen trugen dazu bei, dass immer mehr Jugendliche mit dem Fahrrad alleine oder mit Freunden in die Ferien radelten, denn hier waren sie frei und ungebunden und konnten zum Beispiel ihre Schuhe putzen, wenn sie wirklich schmutzig waren und nicht, weil es gerade angeordnet worden war.

◄▼Wunderliche Busse transportierten Kinder und Jugendliche in die Ferien. Manche stammten noch aus der Vorkriegszeit und hatten den Krieg überlebt, manche davon auf abenteuerlichste Weise als Soldatentransportbus irgendwo, grau oder in Tarnfarbe grüngelb gestrichen, von Soldaten stehen gelassen worden. Irgendwo am Straßenrand. Von einem anderen gefunden, neu gestrichen und aufgemöbelt, wieder flott gemacht und als Grundstock einer Busfirma verwendet worden. Er fuhr so lange, bis er das Geld für einen neuen, modernen Bus eingefahren hatte. Für die Kinder waren diese alten Rösser noch erlebbare Technik. Alles zitterte, wenn der Diesel unter der Haube klopfte. Die ganze Technik lag weitgehend frei, wenn man die Haube öffnete, oder das ganze Monstrum beim Reifenwechsel hochbockte. Und die Fahrer waren Teufelskerle.

◄►Zu Beginn des Jahrzehnts waren in Westdeutschland noch viele Menschen unterwegs auf der Suche nach Verwandten, Arbeit und Wohnung. Der Krieg hatte viele auseinander gerissen und entwurzelt. So sah man gelegentlich auf den Landstraßen und auf den Wegen durch die Trümmerfelder immer noch Menschen unterwegs nach irgendwohin, auf einer unfreiwilligen Reise. Während der große Teil sich schon in Richtung Urlaub in Bewegung gesetzt hatte, nicht nur mit den eigenen Fahrzeugen durch Europa rollten, sondern auch schon in der PANAM-Maschine nach Amerika saßen, erinnerten solche Bilder daran, dass der entsetzliche Krieg erst vor wenigen Jahren zu Ende gegangen war, und es noch Menschen gab, die nicht vom Aufschwung profitieren konnten und immer noch umherirrten.

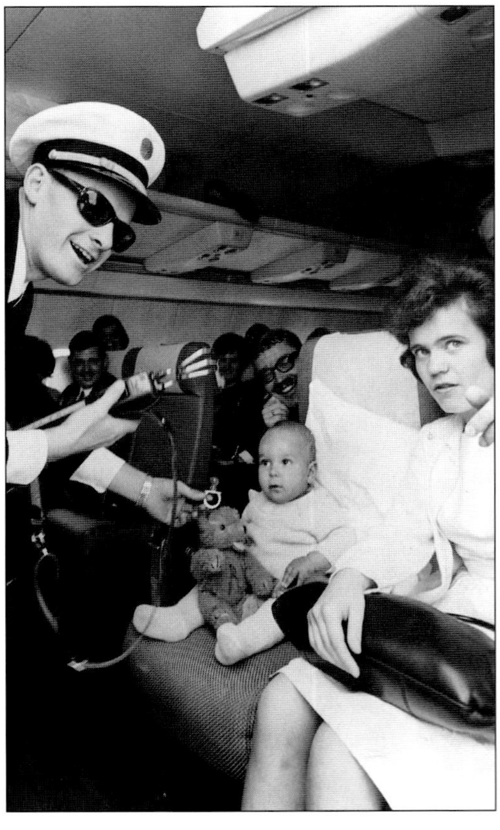

Der deutsche Schlager war immer am Puls der Zeit. Gegen Ende des Krieges, als sich die deutsche Niederlage endgültig abzeichnete, ließen die Nazis Zarah Leander singen: „Ich weiß, es wird einmal ein Wunder geschehn, und dann werden alle Märchen wahr ..." Und alle an den Fronten und in den Luftschutzkellern sangen mit, hofften auf das „Wunder". Und tatsächlich: 1946 ließen die Siegermächte den Morgenthau-Plan fallen, Deutschland in eine Wüstung zu verwandeln, kreierten den Marshall-Plan und stoppten die bereits begonnene Demontage großer Betriebsanlangen. Und dieser Marshall-Plan bildete den Grundstock für einen beispiellosen Wiederaufbau in den drei westlichen Zonen, der späteren Bundesrepublik Deutschland. Aber es war auch der Fleiß der arbeitenden Menschen, der Erfindungsreichtum moderner Unternehmer, die geschickte Lohnpolitik der Gewerkschaften, was den Menschen wieder Geld in die Hand brachte, das sie ausgeben und damit die Produktion weiter anheizen konnten. Und sie gaben aus. Vieles war nachzuholen. Allein das Mobiliar musste erneuert werden, und die Fünfziger brachten einen eigenen Stil für die Wohnungseinrichtung hervor. Die moderne Kunst der 20er Jahre, von den Nazis verpönt, brach in Formen und Dekor durch. Helle, blasse Farben, einfache, leichte und asymmetrische Formen. Es wurde gebaut. Die im Krieg zerstörten oder schon demontierten Industrieanlagen, die zerstörten Städte entstanden neu, in einfacher Bauweise, aber mit viel Glas und Licht. Straßen und Autobahnen mussten gebaut werden. Die Konsumgüterindustrie produzierte was das Zeug hielt, und nicht zuletzt die Autoindustrie, die ständig neue Modelle auf den Markt brachte. Und schließlich verhalfen die Banken durch günstige Kreditsysteme immer mehr Privatleuten zu einem eigenen Auto. Vielleicht sind das alles normale Prozesse, aber gemessen an den noch sichtbaren Trümmerbergen und der gerade überwundenen Not von Millionen konnte man am Ende der 50er Jahre durchaus stolz von einem „Wunder" sprechen.

▲ Große Kaufhäuser entstanden und wurden sofort von der Bevölkerung in Beschlag genommen. Hier fand man nicht nur das Modernste, das es auf dem Markt gab, sondern auch die modernste Architektur, außen und innen. Und Rolltreppen. Die waren für Kinder die Sensation.

▲ Vorerst auf dem Schaukelpferd sitzen und Spielzeugfahrzeuge betrachten. Das wird sich ändern, aber noch nicht sofort. Die Spielzeugindustrie lieferte alle Fahrzeuge in Miniatur und die Sehnsucht danach gleich mit.

▲ Zu Hause lagen die liebevoll von Mutter und Großmutter gebastelten Puppen, Gefährten in unsicheren Zeiten. Nun wurden sie abgelöst. Es gab auf einmal Puppen so viele, dass es schwer fiel, sich für eine zu entscheiden. Besonders vor Weihnachten begann die Qual der Wahl.

◄► Es ist für alles wieder gesorgt. Wer zu viel isst, wird zu dick, und das schadet der Gesundheit. Schon gibt es angesichts der bereits weit verbreiteten „Fresswelle" öffentlich aufgestellte Waagen. „Mit Wiegekarten-Ausgabe"! Damit man es nicht vergisst. Ebenso in der Öffentlichkeit stehen neue, helle Telefonzellen mit gläsernen Wänden und Türen. In den Großstädten müssen die fünfstelligen Telefonnummern durch sechsstellige ergänzt werden. Nahezu jeder Haushalt wird bald einen Telefonanschluss haben. Die älteren Menschen schreien zwar immer noch in die Muschel, als müssten sie die gesamte Strecke zum anderen Teilnehmer auch mit ihrer Stimme schaffen, aber die Jüngeren können schon modulierter mit dem Telefon umgehen.

Wartberg Verlag GmbH & Co. KG
Im Wiesental 1 · 34281 Gudensberg-Gleichen · Telefon: (0 56 03) 9 30 50 · Fax (0 56 03) 30 83
www.wartberg-verlag.de